海上絲綢之路基本文獻叢書

海外番夷録

〔清〕楊炳南 撰

文物出版社

圖書在版編目（CIP）數據

海外番夷録 / （清）楊炳南撰. -- 北京 : 文物出版社, 2022.6
（海上絲綢之路基本文獻叢書）
ISBN 978-7-5010-7522-5

Ⅰ. ①海… Ⅱ. ①楊… Ⅲ. ①歷史地理—世界 Ⅳ. ①K916

中國版本圖書館 CIP 數據核字（2022）第 065597 號

海上絲綢之路基本文獻叢書

海外番夷録

著　　者：〔清〕楊炳南
策　　划：盛世博閱（北京）文化有限責任公司

封面設計：鞏榮彪
責任編輯：劉永海
責任印製：張　麗

出版發行：文物出版社
社　　址：北京市東城區東直門内北小街 2 號樓
郵　　編：100007
網　　址：http://www.wenwu.com
郵　　箱：web@wenwu.com
經　　銷：新華書店
印　　刷：北京旺都印務有限公司
開　　本：787mm×1092mm　1/16
印　　張：13.75
版　　次：2022 年 6 月第 1 版
印　　次：2022 年 6 月第 1 次印刷
書　　號：ISBN 978-7-5010-7522-5
定　　價：96.00 圓

總緒

海上絲綢之路，一般意義上是指從秦漢至鴉片戰争前中國與世界進行政治、經濟、文化交流的海上通道，主要分爲經由黄海、東海的海路最終抵達日本列島及朝鮮半島的東海航綫和以徐聞、合浦、廣州、泉州爲起點通往東南亞及印度洋地區的南海航綫。

在中國古代文獻中，最早、最詳細記載『海上絲綢之路』航綫的是東漢班固的《漢書·地理志》，詳細記載了西漢黄門譯長率領應募者入海『齎黄金雜繒而往』之事，書中所出現的地理記載與東南亞地區相關，并與實際的地理狀况基本相符。

東漢後，中國進入魏晉南北朝長達三百多年的分裂割據時期，絲路上的交往也走向低谷。這一時期的絲路交往，以法顯的西行最爲著名。法顯作爲從陸路西行到印度，再由海路回國的第一人，根據親身經歷所寫的《佛國記》（又稱《法顯傳》）一書，詳細介紹了古代中亞和印度、巴基斯坦、斯里蘭卡等地的歷史及風土人情，是瞭解和研究海陸絲綢之路的珍貴歷史資料。

隨着隋唐的統一，中國經濟重心的南移，中國與西方交通以海路爲主，海上絲綢之路進入大發展時期。廣州成爲唐朝最大的海外貿易中心，朝廷設立市舶司，專門管理海外貿易。唐代著名的地理學家賈耽（七三〇～八〇五年）的《皇華四達記》記載了從廣州通往阿拉伯地區的海上交通『廣州通夷道』，詳述了從廣州港出發，經越南、馬來半島、蘇門答臘半島至印度、錫蘭，直至波斯灣沿岸各國的航綫及沿途地區的方位、名稱、島礁、山川、民俗等。譯經大師義净西行求法，將沿途見聞寫成著作《大唐西域求法高僧傳》，詳細記載了海上絲綢之路的發展變化，是我們瞭解絲綢之路不可多得的第一手資料。

宋代的造船技術和航海技術顯著提高，指南針廣泛應用於航海，中國商船的遠航能力大大提升。北宋徐兢的《宣和奉使高麗圖經》詳細記述了船舶製造、海洋地理和往來航綫，是研究宋代海外交通史、中朝友好關係史、中朝經濟文化交流史的重要文獻。南宋趙汝適《諸蕃志》記載，南海有五十三個國家和地區與南宋通商貿易，形成了通往日本、高麗、東南亞、印度、波斯、阿拉伯等地的『海上絲綢之路』。宋代爲了加强商貿往來，於北宋神宗元豐三年（一〇八〇年）頒佈了中國歷史上第一部海洋貿易管理條例《廣州市舶條法》，并稱爲宋代貿易管理的制度範本。

元朝在經濟上採用重商主義政策，鼓勵海外貿易，中國與歐洲的聯繫與交往非常頻繁，其中馬可·波羅、伊本·白圖泰等歐洲旅行家來到中國，留下了大量的旅行記，記録元代海上絲綢之路的盛况。元代的汪大淵兩次出海，撰寫出《島夷志略》一書，記録了二百多個國名和地名，其中不少首次見於中國著録，涉及的地理範圍東至菲律賓群島，西至非洲。這些都反映了元朝時中西經濟文化交流的豐富内容。

明、清政府先後多次實施海禁政策，海上絲綢之路的貿易逐漸衰落。但是從明永樂三年至明宣德八年的二十八年裏，鄭和率船隊七下西洋，先後到達的國家多達三十多個，在進行經貿交流的同時，也極大地促進了中外文化的交流，這些都詳見於《西洋蕃國志》《星槎勝覽》《瀛涯勝覽》等典籍中。

關於海上絲綢之路的文獻記述，除上述官員、學者、求法或傳教高僧以及旅行者的著作外，自《漢書》之後，歷代正史大都列有《地理志》《四夷傳》《西域傳》《外國傳》《蠻夷傳》《屬國傳》等篇章，加上唐宋以來衆多的典制類文獻、地方史志文獻，集中反映了歷代王朝對於周邊部族、政權以及西方世界的認識，都是關於海上絲綢之路的原始史料性文獻。

海上絲綢之路概念的形成，經歷了一個演變的過程。十九世紀七十年代德國地理學家費迪南·馮·李希霍芬（Ferdinad Von Richthofen，一八三三～一九〇五），在其《中國：親身旅行和研究成果》第三卷中首次把輸出中國絲綢的東西陸路稱爲『絲綢之路』。有『歐洲漢學泰斗』之稱的法國漢學家沙畹（Édouard Chavannes，一八六五～一九一八），在其一九〇三年著作的《西突厥史料》中提出『絲路有海陸兩道』，蘊涵了海上絲綢之路最初提法。迄今發現最早正式提出『海上絲綢之路』一詞的是日本考古學家三杉隆敏，他在一九六七年出版《中國瓷器之旅：探索海上的絲綢之路》中首次使用『海上絲綢之路』一詞；一九七九年三杉隆敏又出版了《海上絲綢之路》一書，其立意和出發點局限在東西方之間的陶瓷貿易與交流史。

二十世紀八十年代以來，在海外交通史研究中，『海上絲綢之路』一詞逐漸成爲中外學術界廣泛接受的概念。根據姚楠等人研究，饒宗頤先生是華人中最早提出『海上絲綢之路』的人，他的《海道之絲路與昆侖舶》正式提出『海上絲路』的稱謂。選堂先生評價海上絲綢之路是外交、貿易和文化交流作用的通道。此後，大陸學者馮蔚然在一九七八年編寫的《航運史話》中，使用『海上絲綢之路』一詞，這是迄今學界查到的中國大陸最早使用『海上絲綢之路』的人，更多地限於航海活動領域的考察。一九八〇年北京大學陳炎教授提出『海上絲綢之路』研究，并於一九八一年發表《略論海上絲綢之路》一文。他對海上絲綢之路的理解超越以往，且帶有濃厚的愛國主義思想。陳炎教授之後，從事研究海上絲綢之路的學者越來越多，尤其沿海港口城市向聯合國申請海上絲綢之路非物質文化遺産活動，將海上絲綢之路研究推向新高潮。另外，國家把建設『絲綢之路經濟帶』和『二十一世紀海上絲綢之路』作爲對外發展方針，將這一學術課題提升爲國家願景的高度，使海上絲綢之路形成超越學術進入政經層面的熱潮。

與海上絲綢之路學的萬千氣象相對應，海上絲綢之路文獻的整理工作仍顯滯後，遠遠跟不上突飛猛進的研究進展。二〇一八年厦門大學、中山大學等單位聯合發起『海上絲綢之路文獻集成』專案，尚在醖釀當中。我們不揣淺陋，深入調查，廣泛搜集，將有關海上絲綢之路的原始史料文獻和研究文獻，分爲風俗物産、雜史筆記、海防海事、典章檔案等六個類别，彙編成《海上絲綢之路歷史文化叢書》，於二〇二〇年影印出版。此輯面市以來，深受各大圖書館及相關研究者好評。爲讓更多的讀者親近古籍文獻，我們遴選出前編中的菁華，彙編成《海上絲綢之路基本文獻叢書》，以單行本影印出版，以饗讀者，以期爲讀者展現出一幅幅中外經濟文化交流的精美畫卷，爲海上絲綢之路的研究提供歷史借鑒，爲『二十一世紀海上絲綢之路』倡議構想的實踐做好歷史的詮釋和注脚，從而達到『以史爲鑒』『古爲今用』的目的。

凡例

一、本編注重史料的珍稀性，從《海上絲綢之路歷史文化叢書》中遴選出菁華，擬出版百册單行本。

二、本編所選之文獻，其編纂的年代下限至一九四九年。

三、本編排序無嚴格定式，所選之文獻篇幅以二百餘頁爲宜，以便讀者閱讀使用。

四、本編所選文獻，每種前皆注明版本、著者。

五、本編文獻皆爲影印，原始文本掃描之後經過修復處理，仍存原式，少數文獻由於原始底本欠佳，略有模糊之處，不影響閱讀使用。

六、本編原始底本非一時一地之出版物，原書裝幀、開本多有不同，本書彙編之後，統一爲十六開右翻本。

目録

海外番夷録

海外番夷録

〔清〕楊炳南　撰

清道光二十四年京都漱六軒刊本

道光甲辰秋鐫

海外番夷録

京都漱六軒藏

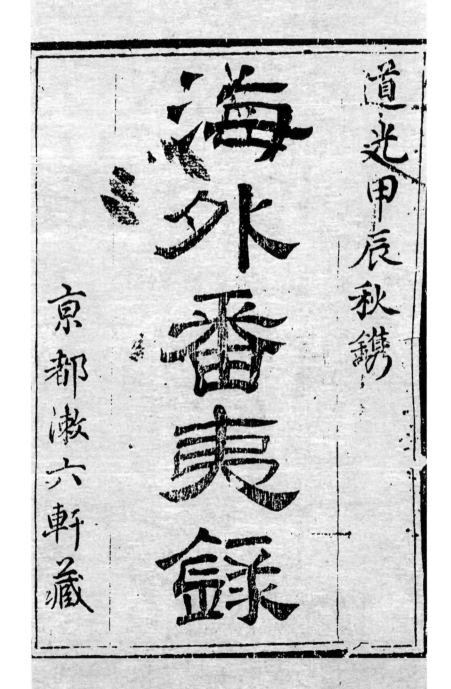

序

近世多博聞强識之士其著述每長于輿地若予所識沈君小宛徐君星伯沈君子敦雖古賈耽劉敞之徒未之或先也然其書往往詳于中國畧于外洋豈以耳目所不及遂存而不論歟方今烽烟告警有志者抱漆室憂葵之念存中流擊楫之思外洋輿地不可以弗考也而前史所載甚畧即以明史考之與今勢有不同獨海錄一書近而可徵蘊香姪素愛奇書樂以公之于人得其本而梓之附以他書言海事者粲然可觀吾嘗嘆刻書者未能有益于世也若蘊香之用心其眞切于時務

者哉

道光壬寅孟秋王鎏序

余鄉有謝清高者少敏異從賈人走海南遇風覆其舟拯于番舶遂隨販焉每歲徧歷海中諸國所至輒習其言語記其島嶼阨塞風俗物產十四年而後反粵自古浮海者所未有也後盲于目不能復治生產流寓澳門爲通譯以自給嘉慶庚辰春余與秋田李君遊澳門遇焉與傾談西南洋事甚悉向來志外國者得之傳聞證于謝君所見或合或不合蓋海外荒遠無可徵驗而復佐以文人藻繢宜其華而鮮實矣謝君言甚樸拙屬余錄之以爲平生閱歷得藉以傳死且不朽余感其意遂條記之名曰海錄所述國名悉操西洋土音或有音無

字。止取近似者名之不復強附載籍以失其真云嘉應

楊炳南序

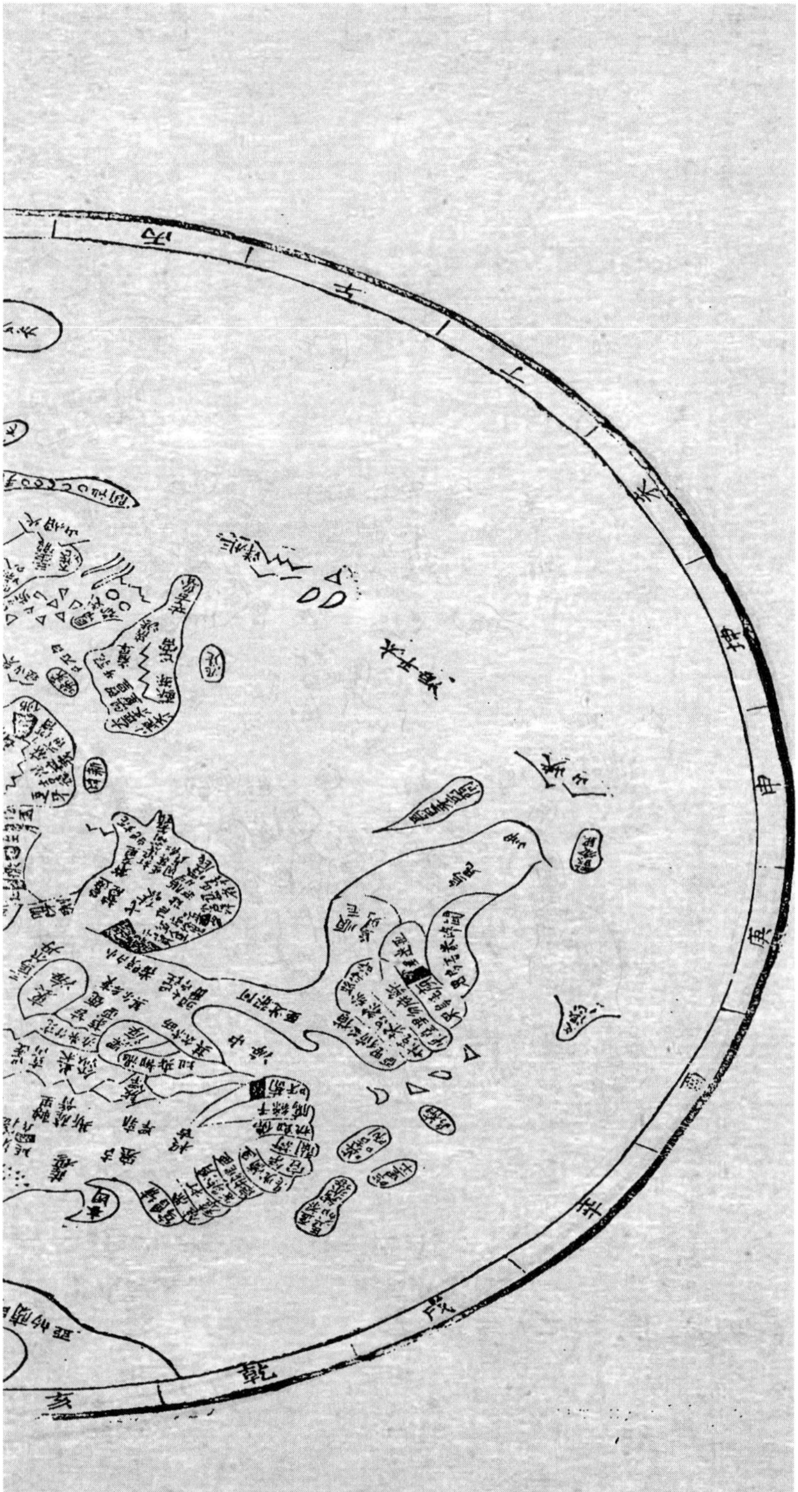

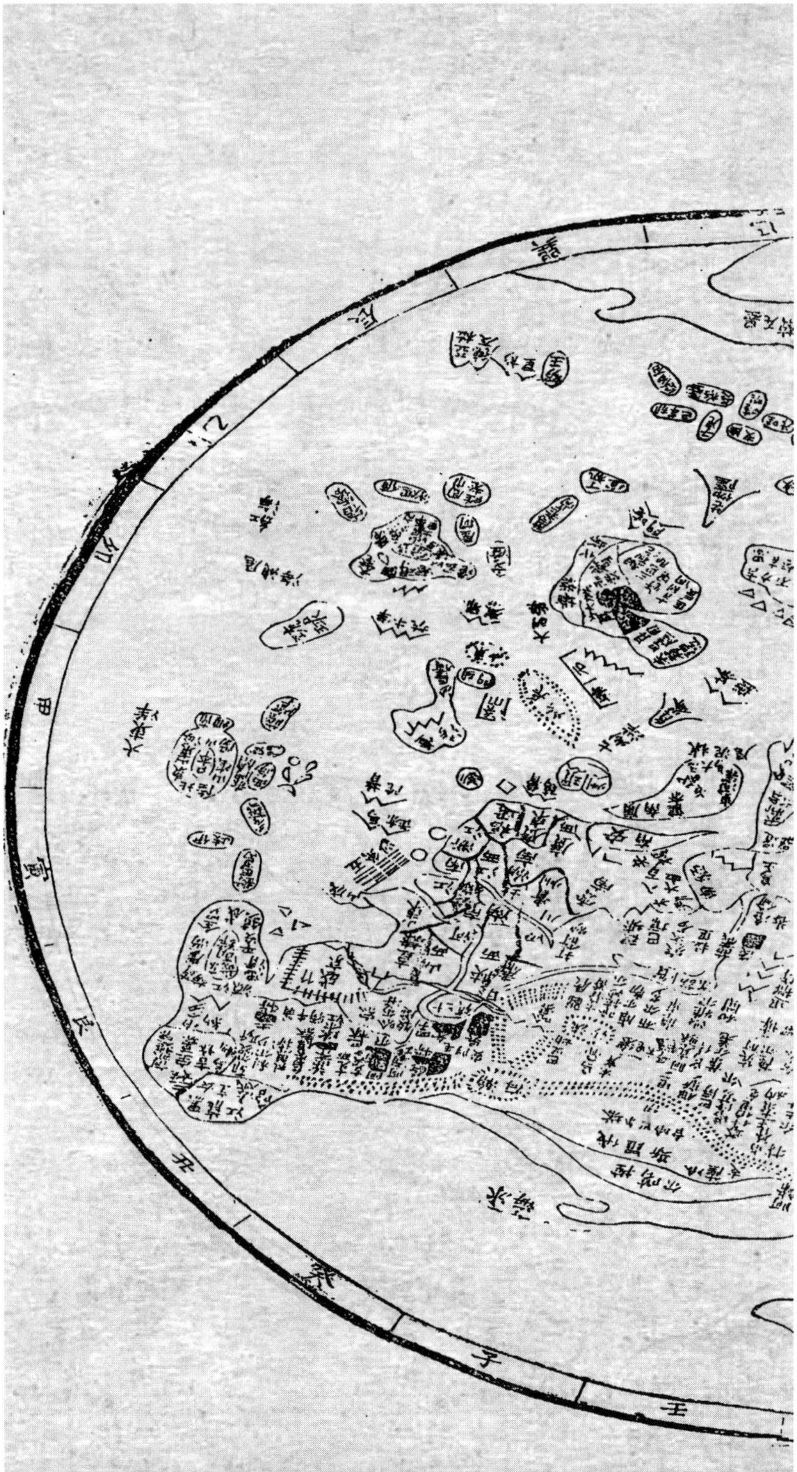

海錄

嘉應楊炳南秋衡

萬山一名魯萬山廣州外海島嶼也山有二東山在新安縣界西山在香山縣界沿海魚船藉以避風雨西南風急則居東澳東北風急則居西澳凡南洋海艘俱由此出口故紀海國自萬山始既出口西南行過七洲洋有七洲浮海面故名又行經陵水見大花二花大洲各山順東北風約四五日便過越南會安順化界見咕嚕雞山朝素山外羅山順化即越南王建都之所也其風俗土產志者既多不復錄又南行約二三日到新州又

南行約三四日過龍柰又謂之陸柰卽海國見聞所謂祿賴也爲安南舊都由龍柰順北風日餘至本底國

本底國在越南西南又名勘明疑卽占城也國小而介于越南暹羅二國之間其人顏色較越南稍黑語音亦微異土產鉛錫象牙孔雀翡翠箭翎斑魚脯又順東北風西行約五六日至暹羅港口

暹羅國在本底西縱橫數千里西北與緬甸接壤國大而民富庶船由港口入內河西行至國都約千餘里夾岸林木葱蘢田疇交錯時有樓臺下臨水際猿鳥號鳴相續不絕男女俱上裸男以幅布圍下體女則被[illegible]

長所被衣其製與中國雨衣畧同以色辨貴賤紅者爲上右臂俱刺文形若任字王則衣文彩繡佛象其上飛金貼身首髻皆以金陸乘象輦水乘龍舟凡下見上祼體跣足屈膝蹲身國無城郭民居皆板屋王居則以瓦覆其上臨水爲之土人多力農時至則播種熟則收穫無事耘鋤故家室盈寧稱爲樂土商賈多中國人其釀酒販鴉片煙開場聚賭三者榷稅甚重俗尊佛教每日早飯寺僧被袈裟沿門托鉢凡至一家其家必以精飯肴蔬合掌拜獻僧置諸鉢滿則回寺奉佛又三分之僧食其一鳥雀食其一以其一飼蟲鼠終歲如是僧無自

畢火者出家爲僧謂之學禮雖富貴家子弟亦多爲之弱冠後又聽其反俗其婚嫁男家伴以男女家伴以女俱送至僧寺令拜佛然後迎歸合巹焉頗知尊中國文字聞客人有能作詩文者國王多羅致之而供其飲食國有軍旅則取民爲兵一月之內其糗糧皆兵自備越月然後王家須發四鄰小國多屬焉土產金銀鐵錫魚翅海參鰒魚瑇瑁白糖落花生檳榔胡椒油蔻砂仁木蘭椰子速香沈香降香伽楠香象牙犀角孔雀翡翠象熊鹿水鹿山馬水鹿形似鹿而無角色青其大者如牛山馬形似鹿而大商賈常取其角假充鹿茸犀角有二

種色黑而大者爲鼠角價賤極大者重二三斤小者亦重斤餘其色稍白而旁有一潤直上者爲天曹角其潤直上至頂者亦不貴若頂上二三分無潤而圓滿色潤而微紅者則貴矣椰木如椶直幹無枝其大合抱高者五六丈種七八年然後結子每歲止開花四枝花莖傍葉而生長數尺花極細碎一枝止結椰子數顆四花分四季采之欲釀酒者則於花莖長盡花未及開時用蕉葉裹其莖勿令花開再以繩密束之砍莖末數寸取瓦罐承之其液滴於罐中每日清晨及午酉亥三時則收其液清晨所收味清甜日出後則微酸俱微有酒味再

釀之則成酒矣所砍處稍乾則又削之花莖盡而止椰肉可以搾油殼可爲器衣可爲船纜故番人多種之歲以上物貢中國

宋卡國在暹羅南少東由暹羅陸路十七八日水路東南行順風五六日可到疆域數百里海國見聞作宋脚緣閩語謂脚爲卡故譌土番名無來由地曠民稀俗不食豬與回回同鬚止留下頷出入懷短刀自衛娶妻無限多寡將婚男必少割其勢女必少割其陰女年十一二即嫁十三四便能生產男多贅於女家俗以生女爲喜以其可以贅壻養老也若男則贅於婦家不獲同居

矣其貧財則男女各半凡無求由種類皆然死無棺槨葬椰樹下以溼爲佳不封土不墓祭王傳位必以嫡室子庶子不得立君臣之分甚嚴王雖無道無敢覬覦者即宗室子弟國人無敢輕慢婦人穿衣褌男子唯穿短褌裸其上有事則用寬幅布數尺縫兩端襲於右肩名沙郎民見王及官長俯而進至前蹲踞合掌于額而言不敢立王坐受之見父兄則蹲踞合掌于額立而言平等相見唯合掌于額餘與暹羅畧同山多古木土產孔雀翡翠瑇瑁象牙胡椒檳榔椰子銀鐵沉香降香速香伽楠香海參魚翅歲貢于暹羅

太呢國在宋卡東南由宋卡陸路五六日水路順風約日餘可到連山相屬疆域亦數百里風俗土產均與宋卡畧同民稀少而性兇暴海艘所舶處謂之淡水港其山多金山頂產金處名阿羅帥（阿於何切下同）由淡水港至此須陸行十餘日由咭蘭丹港口入則三四日可至故中華人到此淘金者船多泊咭蘭丹港門以其易于往來也國屬暹羅歲貢金三十斤

咭蘭丹國在太呢東南由太呢沿海順風約日餘可到疆域風俗土產畧同太呢亦無來由種類爲暹羅屬國王居在埔頭埔頭者朝市之處而洋船所灣泊也周圍

種竻竹爲城加以木板僅一門民居環竹外王及官長俱席地而坐裸體跣足無異居民出則有勇壯數十擁護而行各持標鎗謂之景子見者咸蹲身合掌王過然後起景子猶華言奴僕也王及酋長富家俱有之政簡易王日坐堂酋長有稱萬者有稱斷者咸入朝環坐議政事有爭訟者不用呈狀但取蠟燭一對俯捧而進王見燭則問何事訟者陳訴王則命景子宣所訟者進質王以片言決其曲直無敢不遵者或是非難辨則令沒水沒水者令兩造出外見道路童子各執一人至水旁延番僧誦咒以一竹竿令兩童各執一端同沒水中番

僧在岸呪之所執童先浮者則爲曲無敢復爭童子父母習慣亦不以爲異也又其甚者則有探油鍋法探油鍋者盛油滿鍋火而熱之番僧在旁誦呪取一鐵塊長數寸寬寸餘厚二三分許置鍋中令兩造探而出之其理直者引手入滾油中取出鐵塊豪無損傷否則手始入油鍋卽鼎沸傷人終不能取非自反無愧者始雖强詞鮮不臨鍋而服罪國有此法故訟者無大崛强而君民俱奉佛甚虔也王薨或子繼或弟及雖有遺命然必待天意之所歸而後卽安故嗣王雖卽位若天心不屬民不奉命而兄弟叔姪中有爲民所戴者則讓之而退

處其下不然雖居尊位而號令亦不行也土番居埔頭者多以捕魚爲生每日上午各操小舟乘南風出港下午則乘北風返棹南風謂之出港風北風謂之入港風日日如此從無變易是殆天所以養斯民也其居山中者或耕種或樵採窮困特甚上無衣下無褌唯剝大樹皮圍其下體亦無屋宇穴居野處或於樹上搭小板屋居之凡土番俱善標鎗標鎗者飛鎗也能殺人於數十步外出入常以自隨乘便輒行劫殺人其山多木易于避匿故山谷僻處鮮有行人有爭訟而酋長不能斷者常自請于王願互用標鎗死無悔王亦聽之但酌令理

直者先標中而死則彼家自以尸歸不中則聽彼反標顧鮮有不中者俗淫亂而禁婦女嫁中華人故閩粵人至此鮮娶者有妻皆暹羅女也犯姦者事發執而囚之度其身家厚薄而罰其金謂之阿公凡犯令者亦然少笞杖之刑其金一日不納則次日倍罰若亢不納則囚禁無釋時亦無敢亢者若本夫覺其姦執殺之亦不禁國有大慶王先示令擇地爲場至期于場中飲酒演戲國人各以土物貢獻王受其儀于場中賜之飲食四方來觀之華夷雜沓姦賭無禁越月而後散凡進獻及餽賀其儀物皆以銅盤盛之使者戴于首而行飲食不用

箸多以右手抓取故重右手而輕左手人若以左手取食物相贈遺則怒以爲大不敬云地多瘴癘中華人至此必入浴溪中以小木桶舀水自頂淋之多至數十桶俟頂上熱氣騰出然後止日二三次不浴則疾發居久則可少減然亦必日澡洗卽土番亦然或嬰疾察其傷於風熱者多淋水卽瘳無庸藥石凡南洋諸國皆然其地名雙戈及呀喇頂等處皆產金由咕嚂丹埔頭入內河南行二日許西有小川通太呢阿羅帥又南行日餘雙戈水會之又南行十餘日則至呀喇頂與邦項讀平聲後山麻姑產金處相連河中巨石叢雜水勢峻厲用小

舟避撈而上行者甚艱中國至此者歲數百閩人多居埔頭粵人多居山頂山頂則淘取金砂埔頭則販賣貨物及種植胡椒凡洋船到各國王家度其船之大小載之輕重而權其稅船大而載重者納洋銀五六百枚小者二三百不等謂之發頭金客人初到埔頭納洋銀一枚居者歲又納丁口銀一枚謂之亞些各貨稅餉謂之碼子居咭嚆丹山頂掏金欲回中國者至埔頭必先見王納黃金一兩然後許年老不復能營生者減半若呷咇丹知其貧而為之請則免呷咇丹者華人頭目也居埔頭者則俱免若洋船有藏匿覺察則船主阿叅船主

是洋船出資本置買貨物者凡洋船造船出賃者謂之
板主看羅盤指示方向者謂之夥長看柁者謂之太工
管理銀錢出入者謂之財庫艙口登記收發貨物者謂
之清丁而出資賃船置貨貿易則爲船主船中水手悉
聽指麾故有事亦唯船主是問其釀酒販鴉片開賭場
者碼子亦特重私家遺負酋長嘗體若罔聞而賭賬則
追捕最力各國多如此食鴉片煙則咭噸丹爲甚客商
鮮不效尤者其土產唯檳榔胡椒爲多亦以三十斤金
爲暹羅歲貢
丁咖囉國一名噠拉岸疑卽丁機宜也在咭噸丹東南

由咭囒丹沿海約日餘可到疆域風俗與上數國畧同而富疆滕之各國王俱喜養象聞山中有野象王家則令人砍大木於十里外周圍柵環之旬日漸移而前如此者數柵益狹象不得食俟其羸弱再放馴象與鬬伏則隨馴象出自聽象奴驅遣土產胡椒檳榔椰子沙藤冰片燕窩魚翅海參油魚鮑魚螺頭帶子紫菜孔雀翡翠速香降香伽楠香帶子角帶也形若江瑤柱胡椒最佳甲于諸番歲貢暹羅安南及鎮守噶喇叭之荷蘭

邦項聲讀平 在丁咖囉南古志多作彭亨以謝清高所述音近邦項故改從此二字其餘亦多類此由丁咖囉陸

路約二三日可到疆域風俗民情均與上數國同亦產金而麻姑所產爲最土產胡椒冰片沙穀米胡椒蘇木初種時長尺餘年餘長至數尺則卷成圈復取土掩之俟再生然後開花結子十餘年藤漸弱則取其旁舊土或有雜木葉霉敗其中者糞之復茂不可以他物糞至三十餘年則不復結子須擇地另種舊地非百年後不能復種也子熟採而乾之色黑而皺味辛辣而性溫其極熟者則雖乾而圓滿去其皮是爲白椒其性更烈自安南至麻倫呢諸國皆有唯丁咖囉所產爲最冰片木液也周流木內夜則上于樹杪明則下于樹根土番夜聽

其樹而知其上下老嫩俟其老時四鼓潛往以刀削其根數處如中國之取松脂然天明其液流從砍處落地滴滴成片若未老則出水而已沙穀米亦以木液爲之其木大者合抱砍伐破碎舂之成屑則以水洗之去其滓俟其水澄取其下凝者暴乾成粉復以水洒之則累累如顆珠煮食之可以療饑以上數國閩粤人多來往貿易者內港船往各國俱經外羅山南行順風約一日過曆筒大佛山又日餘經龍柰口過崑崙海日餘見崑崙山至此然後分途而行往宋卡暹羅大呢咭囒丹各國則用庚申針轉而西行矣由邦項東南行約日餘復

路約二日可到疆域風俗民情均與上數國同亦產金而蘇姑所產爲最土產胡椒冰片沙穀米胡椒藤本初種時長尺餘年餘長至數尺則卷成圈復取土掩之俟再生然後開花結子十餘年藤漸弱則取其旁舊土或有雜木葉霉敗其中者糞之復茂不可以他物糞至三十餘年則不復結子須擇地另種舊地非百年後不能復種也子熟採而乾之色黑而縐味辛辣而性温其極熟者則曬乾而圓滿去其皮是爲白椒其性更烈自安南至麻倫呢諸國皆有唯丁咖囉所產爲最冰片木濃也周流木內夜則上于樹杪明則下于樹根土番夜聽

其樹而知其上下老嫩俟其老時四鼓潛往以刀削其根數處如中國之取松脂然天明其液流從砍處落地滴滴成片若未老則出水而已沙穀米亦以木液爲之其木大者合抱砍伐破碎舂之成屑則以水洗之去其滓俟其水澄取其下凝者暴乾成粉復以水洒之則累累如顆珠煮食之可以療饑以上數國閩粤人多來往貿易者內港船往各國俱經外羅山南行順風約一日過歷筒大佛山又日餘經龍柰口過崑崙海日餘見崑崙山至此然後分途而行往宋卡暹羅大呢咭蘭丹各國則用庚申針轉而西行矣由邦項東南行約日餘復

轉西入白石口順東南風約日餘則到舊柔佛
舊柔佛在邦項之後陸路約四五日可到疆域亦數百
里民情風俗畧與上同土番爲無來由種類本柔佛舊
都後徙去故名舊柔佛嘉慶年間暎咭利於此闢展土
地招集各國商民在此貿易耕種而薄其賦稅以其爲
東西南北海道四達之區也數年以來商賈雲集舟船
輻輳樓閣連亘車馬載道遂爲勝地矣番人稱其地爲
息辣閩粤人謂之新州府土産胡椒檳榔膏沙藤紫菜
檳榔膏即甘瀝可入藥
麻六呷在舊柔佛西少北東北與邦項後山毗連陸路

遁行由舊柔佛水路順東南風半日過琴山經口又日餘到此土番亦無來由種類疆域數百里崇山峻嶺樹木叢雜民情兇惡風俗詭異屬荷蘭管轄初小西洋各國番船往來中國經此必停泊採買貨物本爲繁盛之區自暎咭利開新州府而此處浸衰息矣土産錫金冰片沙藤胡椒沙穀米檳榔燕窩犀角水鹿玳瑁翡翠降速伽楠各香閩粤人至此採錫及貿易者甚衆

沙喇我國在麻六呷西北由麻六呷海道順東南風二三日經紅毛淺下有浮沙其水不深故曰淺謂之紅毛則不知其何取也此國在紅毛淺東北岸疆域數百里

民頗稠密性情兇獷後山與丁咖囉咭喇丹相連山中土番名獠（讀力麻切）子裸體跣足鳩形鵠面自爲一類亦服國王管轄但與無來由不相爲婚嘗取蜜蠟沙藤沉香速香降香犀角山馬鹿脯虎皮等物出與國人交易閩粵人亦有到此者其產錫冰片椰子沙藤

新埠海中島嶼也一名布路檳榔又名檳榔士英咭利于乾隆年間開闢者在沙喇我西北大海中一山獨峙周圍約百餘里由紅毛淺順東南風約三日可到西南風亦可行土番甚稀本無來由種類英咭利招集商賈遂漸富庶衣服飲食房屋俱極華麗出入悉用馬車有

暎咭利駐防番二三百又有叙跛兵千餘閩粵到此種胡椒者萬餘人每歲釀酒販鴉片及開賭場者權稅銀十餘萬兩然地無別產恐難持久也凡無來由所居地有果二種一名流連子形似波羅蜜而多刺肉極香甜一名茫讀莫滾切姑生又名茫栗形如柿而有殼味亦清甜

吉德國在新埠西北又名計噠由新埠順東南風日餘可到後山與宋卡相連疆域風俗亦與宋卡略同土曠民稀米價平賤土產錫胡椒椰子閩粵人亦有至此貿易者由此陸路西北行二三日海道日餘到養西嶺讀力養切陸路又行三四日水路約一日到蓬呀俱暹羅所轄

地自宋卞至此皆無來由種類性多兇暴出入必懷短刀以花鐵爲之長六寸有奇鑲以金海馬牙爲柄其刀末有花紋者持以相鬪刀頭有紋者則佩之以爲吉慶王及酋長皆然海馬出麻沙密紀即鬆毛鳥兎國也形似牛而脚短居水中偶上岸食草或睡於沙墠取之之法用大木七八尺方之令上窄下寬上輕下重空其中上有蓋爲環鈕於內旁穿四孔遇海馬在沙墠則三四人各挾標鎗二入木中令人蓋之而放于上流木隨流而下海馬見之必趨赴翻弄覺其無物則置之而復息于墠比其木流至墠前木中人急去其蓋各舉鎗標之

鎗有倒鈎以繩繫之中則趨上岸將繩縛於木而縱收之俟其力稍乏各加一標死則宰而食之其味甚美牙以鑲刀柄

烏土國在暹羅蓬牙西北疆域較暹羅更大由蓬牙陸路行四五日水路順風約二日到佗歪爲烏土屬邑廣州人有客于此者又北行百餘里到媚麗居又西北行二百餘里到營工又西行二百餘里到備姑俱烏土屬邑王都在盎畫由備姑入內河水行約四十日方至國都有城郭宮室備姑鄉中有孔明城周圍皆女墻參伍錯綜莫知其數相傳爲武侯南征時所築入者往往迷

路不知所出云北境與雲南緬甸接壤雲南人多在此貿易衣服飲食大畧與暹羅同而樸實仁厚獨有太古風民居多板屋夜不閉戶無盜賊爭鬬國法極寬有過犯者罰之而已重則圄禁旬日而釋無殺戮撲楚之刑實南洋中樂國也男女俱椎髻婚娶或男至女家或女至男家交拜成親死則聚親友哭之旋葬於山不封不樹土產玉寶石銀燕窩魚翅犀角泥油紫景兒茶寶石藍者爲貴以其難得也泥油出土中可以然燈紫景亦土中所入其色紫土人以代印色自安南至此及南洋諸國沿海俱有鱷魚形如壁虎是食人土番有被鱷吞

者延番僧咒之垂釣于海食人者即吞鉤而出其餘則不可得而釣也由備姑西北守沿海數千里重山複嶺并無居人奇禽怪獸出沒號叫崇巖峭壁間多古木奇花所未經覩舟行約半月方盡亦海外奇觀也

徹第缸在烏土國大山之北數十年來暎咭利薪闢土地未有商賈其風俗土産未詳

明呀喇暎咭利所轄地周圍數千里西南諸番一大都會也在徹第缸海西岸由徹第缸渡海順東南風約二日夜可到陸路則初沿海北行至海角轉西又南行然後可至爲日較遲故來往多由海道其港口名葛支里

港外沿海千餘里海水渾濁淺深叵測外國船至此不能遽進必先鳴礮使土番聞之請於噢咭利命熟水道者操小舟到船爲之指示然後可土番亦必預度其淺深以泡志之泡者截大木數尺鑿爲櫓形空其中繫之以繩墜之以鐵隨水道曲折浮之水面以爲之志土番謂之泡每一望遠及轉折處則置一泡然外人終不能測是殆天險也港口有礮臺進入內港行二日許到交牙礮臺又三四日到咕哩噶噠噢咭利官軍鎮明呀喇者治此有小城城內唯住官軍商民環處城外噢咭利官吏及富商家屬俱住漲浪居漲浪居者城外地名也

樓閣連雲園亭綺布甲于一國暎咭利居此者萬餘人又有敍跛兵五六萬卽明呀哩土番也酋長有三其大者稱唧有土第其次爲呢啤又次爲桀景皆命于其王數年則代國有大政大訟大獄必三人會議小事則聽屬吏處分其統屬文武總理糧餉一人謂之辣亦數年而代其出入之儀仗較三酋長特盛前有騎士六人後有四人左右各一人俱穿大紅衣左右二人裝束俱同辣唯辣所穿衣當胸繡八卦文爲異耳凡鞫獄訟上下俱穿黑衣唯三酋長兩肩有白絨緣頭戴白帽用白鬟織成狀如風帽酋長上坐客長十人旁坐客長客商之

長也每會鞫必延客長十人旁坐者欲與衆共之也其獄必僉曰是然後定讞有一不合則復鞫雖再三不以爲煩然恬奢尚利賄賂公行徒事文飾無財不可以爲說也其土番有數種一明呀哩一夏哩一吧藍美明呀哩種較多而吧藍美種特富厚明呀哩食牛不食豬夏哩食豬不食牛吧藍美則俱不食富者衣食居處頗似唊咭利以華麗相尚貧者家居俱裸體以數寸寬幅布圍其腰又自臍下絆至臀後以掩下體男女皆然謂之水幔無來由番亦多如此出門所圖布幅稍寬有吉慶則穿長衣窄袖其長曳地用白布二丈纏其頭以油徧

擦其身所居屋盡塗以牛糞俗以螺殼有文彩者爲貨貝交易俱用之娶妻皆童養夫死婦不再嫁鬄髮而居各種不相爲婚男子胷蓋小印數處額上刺紋女人皆穿鼻帶環吧藍美死則葬于土餘俱棄諸水有老死者子孫親戚送至水旁聚而哭之各以手撫其屍而反掌自舐之以示親愛徧則棄諸水急趨而歸以先至家者爲吉明呀嗹閉有以火化者更有伉儷敦篤者夫死婦矢殉親戚皆勸阻堅不從則聽之將殉先積柴於野置夫屍于上火之婦則盡戴所有金銀珠寶玩飾繞火行哭親戚亦隨哭極慟見屍將化婦則隨舉諸飾分贈所

厚而跳入火衆皆嘖嘖稱羡俟火化而後去每歲三四月則羣聚而賽神于廟門外先竪直木一再取一木度其長之半鑿孔横穿直木上令活動可轉横木兩端各以繩繫鐵鉤二有數人赤身以長幅布圍下體手綰一籃籃内裝各種時果立其下衆先取兩人以横木南端鐵鉤鉤其背脊兩旁懸諸空中手足散開狀如飛鳥觀者舉横木推轉之其人則取籃中果分撒于地羣爭拾之果盡復換兩人衆皆歡笑不以爲苦也得果者歸以奉家長及病者以爲天神所賜云自此以西地氣漸寒中華人居此者可穿夾衣自此以東及南洋諸國天氣

俱和暖四時俱可穿單衣土產鴉片煙硝牛黃白糖棉花海參瑪瑙訶子檀香鴉片有二種一爲公班皮色黑最上一名叭第咕喇皮色赤稍次之皆中華人所謂烏土也出於明呀喇屬邑地名叭旦拏其出曼噠喇薩者亦有二種一名金花紅爲上一名油紅次之出嗎喇他及盎叽哩者名鴨屎紅皆中華人所謂紅皮也出孟買及噶肚者則爲白皮近時入中華最多其本似罌粟葉如靛青子如茄每棵僅結子二三顆熟時夜以刀劃其皮分許膏液流出凌晨收之而浸諸水數刻然後取出以物盛之再取其葉曝乾末之雜拌其中視葉末少

以定其成色葉末半則得膏半然後提爲團以葉裹之子出膏盡則拔其根次年再種邇年以來閩粤亦有傳種者其流毒未知何所底止也

曼噠喇薩在明呀喇西少南由葛支里沿海陸行約二十餘日水路順東風約五六日俱暎咭利所轄地至此別爲一都會有城郭暎咭利居此者亦有萬人叙跛兵二三萬此地客商多阿哩敏番即來粤東戴三角帽者是也土番名雪那哩風俗與明呀哩畧同土產珊瑚珍珠鑽石銀銅棉花訶子乳香沒藥鴉片魚翅猳棱豕棱豕形如小洋狗又有金邊洋布價極貴一疋有值洋銀

八十枚者內山爲嘵包補番嘵包補者猶華言大也本
回回種類其閤國名甚多疆域不過數百里所織布極
精細大西洋各國番多用之
笨支里在曼噠喇薩西南爲佛郎機所轄地由曼噠喇
薩陸行約四五日水行約日餘卽到土產海參魚翅訶
子棉花猳棱豕內山亦屬嘵包補
呢咕叭當國在笨支里西嶺介中疆域甚小土番名耀
亞
西嶺在笨支里少北又名咕嚕幕由笨支里水路約六
七日陸路約一旬可到爲荷蘭所轄地土番名高車子

風俗與明呀喱畧同丙山爲乃砮王國土産海參魚翅棉花蘇合油海參生海中石上其下有肉盤盤中生短蒂蒂末卽生海參或黑或赤各肖其盤之色豎立海水中隨潮搖動盤邊三面生三鬚各長數尺浮沈水面採者以鉤斷其蒂撈起剖之去其穢煮熟然後以火焙乾各國俱有唯大西洋諸國不産

打冷莽柯國在西嶺西北順東南風約二三日可到疆域甚小民極貧窮然性頗淳良風俗與上畧同沿海屬邑有地名咖補者西洋客商皆居此土産海參魚翅龍涎香訶子

亞英咖在咖補西北順風約五六月可到爲暎咭利所
轄地土番風俗與上畧同土產棉花燕窩椰子訶子
固貞在亞英咖西北水路順風約日餘可到爲荷囒所
轄地土番風俗與上畧同內山爲晏爹呢咖國實回回
種類土產乳香沒藥魚翅棉花椰子蘇合油血竭砂仁
訶子大楓子
隔瀝骨底國在固貞北少西水路順風約二日可到陸
路亦通風俗與上同土產胡椒棉花椰子俱運至固貞
售賣內山仍屬晏爹呢咖
馬英在隔瀝骨底北少西水路順風約二日可到爲佛

郎機所轄地土產風俗與上略同內山亦屬晏爹呢咖

打拉者在馬英西北陸路相去約數十里爲嗼咭剌所轄地土番風俗亦與上同土產胡椒海參魚翅淡菜內山仍屬晏爹呢咖

嗎喇他國在打拉者西疆域自東南至西北長數千里沿海邊地分爲三國一小西洋一孟婆囉一麻倫呢爲回回種類凡拜廟廟中不設主像唯于地上作三級取各花瓣徧撒其上羣向而拜或中間立一木椎每月初三各于所居門外向月念經合掌跪拜稽首土產棉花胡椒魚翅鴉片

小西洋在嗎喇他東南沿海邊界由打拉者向北少西行經嗎喇他境約六七日到此爲大西洋所轄地疆域約數百里土番名盈丟奉蛇爲神所畫蛇有人面九首者婚嫁與明呀嘿同死則葬于土每年五月男女俱下河洗浴延番僧坐河邊女人將起必以兩手掬水洗僧足僧則念咒取水𩕳女面然後穿衣起又有蘇都嚕番察里多番咕嚕米番三種多盂婆囉國人西洋人取以爲兵其風俗與盈丟畧同西洋番居此者有一二萬人土產檀香魚翅珊瑚犀角象牙鮑魚謝清高云昔隨西洋番船到此時船中有太醫院者聞其妻死特遣土番齎

札回大西洋祖家請于國王以半俸給其家養兒女是知此地亦有陸路可通大西洋也

孟婆囉國在小西洋北山中由小西洋水路順風約日餘可至國境王都在山中以竹爲城疆域亦數百里風俗與小西洋同土產檀香犀角

麻倫呢國在孟婆囉北水路順風約日餘可到疆域風俗與孟婆囉同土產海參魚翅鮑魚二國所產貨物多運至小西洋埔頭售賣

盎叽哩國在麻倫呢北少西水路順風一二日可到疆域風俗與小西洋畧同土產洋葱其頭寸餘熟食味極

清酣瑪瑙棉花鴉片內山亦屬嘵包補自曼噠喇薩至唧肚土番多不食豬牛羊犬唯食雞鴨魚蝦男女俱戴耳環

孟買在盎叽哩北少西相去約數十里爲嘆咭利所轄地有城郭土番名叭史顏色稍白性極淳良家多饒裕嘆咭利鎮此地者有數千人土產瑪瑙大葱棉花阿魏乳香沒藥魚膏魚翅鴉片番覷棉花最多亦小西洋一大市鎮也鄰近嗎喇他盎叽哩嘵包補唧肚諸國多載載貨物到此貿易其內山亦屬嘵包補

蘇辣在孟買北水路約三日可到亦嘆咭利所轄土番

名阿里敏土產同上

淡項讀平聲在蘇祿北水路約日餘可到爲西洋所轄土產同孟買

嘟肚國在淡項北疆域稍大由淡項水路順風約二日可到風俗民情與盎叽唎諸國畧同土產鴉片海參魚翅俱運往蘇祿孟買販賣自明呀喇至此西洋人謂之哥什嗒我總稱爲小西洋土人多以白布纏頭所謂白頭鬼也遇王及官長蹲身合掌上于額俟王及官長過然後起子見父母亦合掌于額平等相見亦如之其來中國貿易俱附嘆咭利船本土船從無至中國中國船

亦無至小西洋各國者自此以西海波洶湧一望萬里舟楫不通淺深莫測沿海諸國不可得而紀矣海國見聞謂小西洋西南皆烏鬼國延袤萬里直趨西南海中小西洋與大西洋海道不能直通實爲烏鬼國所阻與謝清高所述互異余止錄所聞于謝清高者以俟博雅之考核不敢妄爲附會也其喇肚內山則爲金眼回回國聞其疆域極大不與諸國相往來故其風俗土産亦不可得而紀也

柔佛國在舊柔佛對海海中别一島嶼也舊柔佛番徙居於此周圍數百里由白石口南行約半日即到土番

爲無來由種類性情兇暴以刦掠爲生土産檳榔膏沙藤椰子冰片

雷哩國在柔佛西南海中別峙一大山不與柔佛相連由柔佛渡海而南行約日餘可到疆域約數百里風俗土産與柔佛同土番較強盛潮州人多貿易于此海東北爲琴山徑

錫哩國在雷哩西北疆域風俗與雷哩同由雷哩買小舟沿海行約四日可到海東北爲麻六甲由此又西北行約二日仍經紅毛淺土産魚脯冰片椰子胡椒

大亞齊國在錫哩西北疆域稍大由紅毛淺外海西北

行日後即到由國都向西北陸行五六日水路順風一二日則至山盡處俱屬大亞齊風俗與無來由各國同海東北岸爲沙喇我國山盡處則與新埠斜對土產金冰片沙藤椰子香木海菜

呪咕吧拉西南海中孤島也由亞齊山盡處北行少西順風約十一二日可到土番俱野人性情淳良日食椰子熟魚不食五穀閩人居吉德者常偕吉德土番到此採海參及龍涎香其海道亦向西北行約旬日可到由此又北行約半日許有牛頭馬面山其人多人身馬面是食人海艘經過俱不敢近望之但見雲氣屯積天日

晴明遥見山頂似有火燄焉又北行旬日即到明呀喇海口若向北少西行順風六七日可到曼噠喇薩

小亞齊國一名孫支在大亞齊西由大亞齊西北行經山盡處轉東南行約日餘可到疆域亦數百里風俗與大亞齊同土產金沙藤胡椒椰子氷片

蘇蘇國在小亞齊南水路順風約二日即到疆域風俗土產與小亞齊同

叭當國在蘇蘇東南水路順風亦二日可到疆域風俗土產均與上畧同海西別有一島爲呢是國

呢是國又名哇德在蘇蘇叭當二國之西海中獨峙一

山民似中國而小常相擄掠販賣出入必持標鎗懼礮火不食五穀唯以沙穀米合香蕉煎食年老者子孫則抱置樹杪環其下而搖之俟跌死而後已其滅絕倫理至於此極豈其性然耶亦未沐聖人之化無以復其初也自此以西海中多大石風濤險阻難以通行故大西洋海船往小西洋各國貿易必由叭當之西呢是之東茫（讀莫浪切）咕嚕在叭當東水路順風約五六日可到陸路亦通但山僻多盜賊故鮮有行者沿海都邑近爲嘆咭利所奪國王移居山內然嘆咭利居此者不過數十人敘跛兵數百而已土產海參丁香豆蔻胡椒椰子檳榔

舊港國即三佛齊也在茫咕嚕東疆域稍大由茫咕嚕東南行約三四日轉北入噶喇叭峽口順風行半日方出峽峽東西皆舊港國疆土峽西大山名網甲別峙海中山麓有文都上盧寮下盧寮新港等處山南復有二小島一名空壳檳榔一名朱麻哩皆産錫閩粤人到此採錫者甚衆文都有暎咭利鎮守而榷錫稅凡採錫者俱向借資斧得錫則償之每百觔止給洋銀八枚無敢私賣國王所都在峽西由文都對海入小港西行四五日方至亦有荷蘭鎮守兩岸居民俱臨水起屋頗稱富庶國王殿廷爲三級每日聽政王坐於上次列各酋長

庶民爭訟者俱俯伏於下體制嚴肅而民性兇惡多爲盜賊不知尊中國而畏荷囒暎咭利如虎凡有誅求無敢違抗者無來由番皆然不獨此國也土產金錫沙藤速香降香胡椒椰子檳榔氷片水鹿

龍牙國在舊港北由峽口水路到此順風約三日由此北行日餘則爲柔佛西北行日餘則至雷哩此山多木大者數十圍中華洋船至此多換桅柁凡雷哩錫哩大小亞齊蘇蘇叭當茫咕嚕舊港龍牙九國實同此一山皆無來由種類唯大亞齊蘇蘇民稍淳良餘俱兇惡以盜劫爲生涯凡無來由各國俱產黑燕窩速香降香雞

胥香檳榔椰子海菜

噶喇叭在南海中爲荷蘭所轄地海舶由廣東往者走內溝則出萬山後向西南行經瓊州安南至崑崙又南行約三四日到地盆山萬里長沙在其東走外溝則出萬山後向南行少西約四五日過紅毛淺有沙坦在水中約寬百餘里其極淺處止深四丈五尺過□又行三四日到草鞋石又四五日到地盆山與內溝道合萬里長沙在其西溝之內外以沙分也萬里長沙者海中浮沙也長數千里爲安南外屏沙頭在陵水境沙尾即草鞋石船誤入其中必爲沙所湧不能復行多□壞者過

此須取木板浮于沙面人耿其上數日內若有海船經過放三板拯救可望生還三板海舶上小舟也舟輕而浮故沙上可以往來若直立而待數刻卽爲沙掩沒矣七洲洋正南則爲千里石塘萬石林立[illegible]濤怒激船若誤經立見破碎故內溝外溝亦必沿西南從無向正南行者由地盆山又南行約一日到綱甲經噶喇叭峽出峽口又南行過三洲洋約三日到頭次山卽噶喇叭邊境也上有中華人所祀土地祠又行二十餘里到海次山有數島一以居中華之爲木工者一爲瘋疾所居一爲罪人絞死之所俗呼爲弔人山其餘皆以國籍貨物

凡木工多用風鋸其製先爲一板屋令四柱皆活可隨意遷轉取大木一長於板屋數尺圓以爲軸橫穿左右兩壁鐵環之以軸納其中兩端出於壁外以一端爲輪輪十六輻分兩層環植於軸內層與外層各八相間尺餘其長數尺編竹篾以爲帆帆有八斜張於內外輻上以乘風兩輻則張一帆其長視輻寬則較內外輻之縱而定其尺寸上復幕以布帆帆乘風而輪轉則軸隨之而轉布帆則視風之疾徐以爲舒卷疾則卷徐則張屋內軸上環以數鐵鋸架木于鋸端以石壓之鋸隨軸轉則木自裂矣所以活屋之四柱而任意遷徙者欲以乘

八風也過海汶山則至噶喇叭山山縱横千里有城郭砲臺南海中一大都會也本荷蘭所轄地後暎咭利師侵而奪之荷蘭行成仍命管理而歲收其貢稅焉荷蘭番鎮守此地者三四千人又有烏番兵數千凡荷蘭分守南洋及小西洋各國者俱聽噶喇叭差官調遣土番亦無來由種類俗尚奢靡宮室衣服器用俱極華麗出入皆用馬車與明呀喇布路檳榔息辣各處相同而噶喇叭爲尤盛中國無來由大西洋小西洋各國莫不罄珍寶貨物商販于此中華人在此貿易者不下數萬人有傳至十餘世者然各類自爲風氣不相混也民情兇

暴用法嚴峻中華人有毆荷囒番者法斬手戲其婦女者法絞爲番兵俱奉天主教死則葬於廟荷囒番死則葬於墳園土番風俗與太泥咭囒丹各國同土產落花生白糖丁香咖嗹子蔗燕窩帶子氷片麝香沈香

萬丹國在噶喇叭南疆域甚小與噶喇叭同一海島由噶喇叭陸路南行三四日可到亦無來由種類風俗與噶喇叭同土產珍珠佳紋席極佳國南臨大海海中有山層巒疊巘崒兀崚嶒時有火燄引風飄忽入夏尤盛俗呼爲火燄山蓋南方稟離火之精是山又居其極故火氣蒸鬱乘時發露焉西洋番云其國常有船至此者

船中人土山探望攀危躡險遥見山番穴處而食生魚
覺人窺伺噪而相逐羣趨而逃後者輒爲所殺爭生食
之比回船僅存十六人急掛帆而遁自此無敢復至者
尖筆闌山在地盆山東少南南海中小島也周圍百里
有土番數百人亦無來由種類尖筆闌者華言九也山
有九峯故土番呼爲尖筆闌由地盆山東行約一二日可
到山西北即千里石塘土產檳榔椰子冰片
咕噠國疑即古志所稱瓜哇也在尖筆闌山東南海中
別起一大山延邐東南長數千里十數國環據之或謂
之息力大山此其西北一國也由尖筆闌東南行順風

約二三日可到王居埔頭有荷蘭番鎮守由埔頭買小
舟沿西北海順風約一日到山狗王地名爲粵人貿易耕
種之所由此登陸東南行一日到三劃又名打喇鹿其
山多金內山有名喇喇者有名息邦者又有烏落及新
泥黎各名皆產金而息邦金爲佳皆咕噠所轄地
吧薩國一名南吧哇在咕噠東南沿海順風約日餘可
到地不產金中華人居此者唯以耕種爲生所轄地有
名松柏港者產沙藤極佳亦有荷蘭鎮守
崑甸國在吧薩東南沿海順風約日餘可到海口有荷
蘭番鎮守洋船俱灣泊於此由此買小舟入內港行五

里許分爲南北二河國王都其中由北河東北行約一日至萬喇港口萬喇水自東南來會之又行一日至東萬力其東北數十里爲沙喇蠻皆華人淘金之所乾隆中有粤人羅方伯者貿易于此其人豪俠善技擊頗得衆心是時嘗有土番竊發商賈不安其生方伯屢率衆平之又鱷魚暴虐爲害居民王不能制方伯爲壇於海旁陳列犧牲取韓昌黎祭文宣讀而焚之鱷魚遁去華夷敬畏尊爲客長死而祀之至今血食不衰云

萬喇國在崑甸東山中由崑甸北河入萬喇港口舟行八九日可至山多鑽石亦有荷蘭番鎮守

戴燕國在崑甸東南由崑甸南河向東南遡洄而上約七八日至雙文肚卽戴燕所轄地又行數日至國都乾隆末國王暴亂粤人吳元盛因民之不悅刺而殺之國人奉以爲主華夷皆取決焉元盛死子幼妻襲其位至今猶存

卸敖國在戴燕東南由戴燕內河逆流而上約七八日可至

新當國在卸敖東南由卸敖至此亦由內河行約五六日程閒由此再上將至息力山頂有野人皆鳥首人身云自戴燕至山頂皆產金山愈高金亦愈佳特道遠至

彼者鮮故其金歲不多得自咕噠至萬喇逹山相屬陸路通行閩粵到此淘金沙鑽石及貿易耕種者常有數萬人戴燕卸敖新當各國亦有數百人皆任意往來不分疆域唯視本年所居何處則將應納丁日稅餉交該處客長轉輸荷蘭而已其洋船免頭金亦荷蘭征收本國王祇聽荷蘭給發不敢私征客商也華人居此多娶妻生育傳至數世者其婦女淫亂不知廉恥唯衣服飲食稍學中國云土番皆無來由種類以十二月爲一歲不計閏每歲將終國中無貴賤老幼皆禁煙一月日中唯閉戶安寢夜靜始舉火具食念經徹旦其聲極哀平

時則七日一禮拜國王亦然別築禮拜亭至期王及酋長有職事者咸集其中王坐于上羣酋列坐其下念經終日而後散民居多板屋三層約束女子甚嚴七八歲即藏之高閣令學針黹十二三四歲則贅壻然必男女自相擇配非其所願父母不能強也合婚之夜即以所居正室爲新郎卧房女父母兄弟俱寢于前室女若不貞壻嘗立行刺殺或并殺其父母兄弟而去無敢相仇者夫婦居室無被褥唯以寬幅布長丈餘或用絲綢縫兩端同寢其中作合歡睡終其身無相背而寢者其女亦無嫁中華人者以之不食豬肉恐亂其教也其男子若出

海貿易必盡載貲財而行妻妾子女在家止少留糧食而已船回則使人告知其家必其妻親到船接引然後回否則以爲妻妾棄之即復張帆而去終身不歸矣所穿沙即水幔貧者以布富者則用中國絲綢織爲文彩以精細單薄爲貴王女不下嫁臣庶唯兄弟相爲婚王自偁曰亞孤國人偁王曰斷孤偁王兄弟叔姪亦曰斷孤但連其名而偁之子偁父曰伯伯偁母曰妮（讀泥馬切）弟偁兄曰亞王兄偁弟曰亞勒謂步人曰補藍攀謂女子曰吧喇攀謂夫曰瀝居謂婦曰米你自偁其子曰亞匿瀝居偁其女已嫁者曰亞匿補藍攀在室者曰亞匿吧

喃攀儞姪及孫俱曰就將儞姊如兄曰亞王而加補藍攀吧喇攀以別出嫁在室者儞妹曰亞勒亦如弟其出嫁在室亦加補藍攀吧喇攀以別之謂汝曰魯自儞曰哇頭謂之呯哈喇手謂之打岸足謂之卡居眼謂之厤打耳謂之鼓平鼻謂之氣龍口謂之靡律凡儞一爲沙都二爲路哇三爲低隔四爲菴叭五爲黎麼六爲安（讀阿歡切）喃七爲都州八爲烏拉班九爲尖筆闌十爲十蒲盧百爲沙喇殺（都律切）千爲沙哩無萬爲沙瀝沙凡食謂之馬干飯謂之拏敘酒謂之阿瀝菜謂之灑油米謂之匆辣穀謂之把嘿豆謂之咖將銀謂之杯（讀比耶切）瀝金謂之

亞末銅謂之打幔呀鐵謂之勿西錫謂之帝嗎錢謂之卑筆中國所用番銀則謂之連無來由各國大畧相同也其民尚利好殺雖國王亦嘗南塘一出王薨則以布束其屍棺擇地爲園陵以得水爲吉不封不樹山中獠子極盛唯各據一方不敢逾越稍有遷徙輒相殘滅故雖強盛而見無來由荷蘭及中華人皆畏懼不敢與爭恐大兵動無所逃遁也中華人初到彼所娶妻妾皆獠子女其後生齒日繁始自相婚配鮮有以獠女爲妻者矣獠性尤兇暴喜殺得人首級則歸懸諸門以多者爲能云各國俱產冰片燕窩沙藤香木胡椒椰子藤席

馬神在崑甸南少東由崑甸沿海順風東南行約二日經戴燕國境又行二三日到此疆域風俗與上畧同土產鑽石金藤席香木豆蔻氷片海參佳紋席猩猩藤席極佳鑽石即金剛沙產此山者色多白產亞咩哩隔者色具五采大者雖黑夜置之密室光能透徹諸番皆寶之一顆有值白金十餘萬兩者西洋人得極大者奉爲至寶雖竭資購之不惜也小者則以爲鑽用治玉石玻璃堅無不破獨畏羚羊角云山中有異獸不知其名狀似猴見人則自掩其面或以沙土自壅

蔣哩悶讀去聲在馬神東南沿海順風約二日可到疆域

稍殊風俗土産與鄰國同
三巴郎國在蔣哩悶南少東海道順風約二三日可到
疆域頗大閩粤人至此者亦多土産沈香海參沙籐燕
窩蜜蠟氷片菸以上三國皆無來由種類爲荷蘭所轄
郎在噶喇吧東北
麻黎國在三巴郎東南疆域同三巴郎沿海順風約四
五日可到土番名耀亞人多貧窮而甚勤儉風俗淳厚
異于無來由男女俱穿彩衣無鈕以繩束之下體不穿
褌圍以長幅布男戴帽平頂女人髻盤于左喜花常採
各花以綫穿之掛於頸如掛珠狀死則葬于土無棺槨

每歲迎神賽會舉國若狂剪紙爲儀仗送至水邊焚棄之急趨而散不知其何爲也娶妻亦量養夫死不再嫁年輕者居夫喪亦穿吉服至二十五歲然後鬄髮而居二十五歲而後寡者當時即鬄髮既鬄髮出必以布蒙其頭衣不加彩有犯姦者事覺則衆人帶至廟中戒飭之以水灑其面謂之洗罪與明呀哩俗畧同國王名耀亞王居山中土產珍珠海參燕窩魚翅沙藤胡椒沈香冰片

茫讀莫浪切咖薩在麻黎東南沿海約四五日可到亦耀亞種類疆域風俗土產均與麻黎畧同一國俱用中國錢

歷代制錢俱有存者

細利窪在茫咖薩東南由海道行約二三日可到沿海土番爲無來由種類內山土番爲耀亞種類耀亞王所居山名伯數奇風俗各從其類皆歸荷蘭管轄三國亦與噶喇吧鄰近其貨物多歸噶喇吧售賣自咕噠至此同據息力大山西南半面而各分港門其港口皆西向由此東南行海中多亂山周圍或數百里或數十里各有山番占據多無來由耀亞二種別有一種名舞吉子富者擕眷經商所至即安無故土之思亦無一定之寓貧者則多爲盜劫其國名未能悉數也

唵悶國即細利窪東南海中亂山之一也萬丹南大嶼山在國之西北亦無來由種類而性稍善良土產丁香豆蔻有荷蘭番鎮守

唵門國亦亂山之一風俗土名與唵悶同原歸荷蘭管轄近爲暎咭利所奪

地問在唵門東南海中別起一大島周圍數千里島之西南爲地問歸西洋管轄島之東北爲故邦歸荷蘭管轄山中別分六國不知其名天氣炎熱男女俱裸體圍水幔而風俗淳厚不種稻粱多食包粟閩粤人亦有於此貿易者土產檀香蠟蜂蜜貨物亦運往噶喇吧售賣

文來國在細利窪西北由細利窪東南入小港向西北行順風約五六日可至由地問北行順風七八日可至幅幀甚長中多亂山絕無居人奇禽野獸莫能名狀土番亦無來由種類喜穿中國布帛土產燕窩冰片沙藤胡椒

蘇祿國在文來北少西舟由文來小港順東南風約七八日可至風俗土產與文來同貨物多運往昆甸馬神售賣二國同據息力大山東北半面山中絕巘崇巖荆榛充塞重以野番古據不容假道故與西南諸國陸路不通船由廣東往者出萬山後向東南行經東沙過小

呂宋又南行即至蘇祿海口由咕嚏往則須向東南行至細利窪入小港轉西北沿山行經文來然後可至其國西北大海多亂石洪濤澎湃故雖與咕嚏比鄰舟楫亦不通也

小呂宋本名蠻哩喇在蘇祿尖筆蘭之北亦海中大島也周圍數千里爲呂宋所轄故名小呂宋地宜五穀土番爲英西鬼與西洋同俗性情强悍樂于戰闘呂宋在此鎮守者有萬餘人中華亦多貿易于此者但各寓一方不能逾境欲通往來必請路票歲輸丁口銀甚重土產金烏木蘇木海參所屬地有名伊祿咕者小呂宋一

大市鎮也米穀尤富其東北海中别峙一山名耶黎亦屬呂宋其人形似中國其地産海參千里石塘是在國西船由呂宋北行四五日可至臺灣入中國境若西北行五六日經東沙又日餘見擔干山又數十里即入萬山到廣州矣東沙者海中浮沙也在萬山東故呼爲東沙往呂宋蘇祿者所必經其沙有二一東一西中有小港可以通行西沙稍高然浮于水面者亦僅有丈許故海船至此遇風雨往往迷離至于破壞也凡往潮閩江浙天津各船亦往往被風至此泊入港内可以避風掏井西沙亦可得水沙之正南是爲石塘避風于此者慎

不可妄動也
妙哩士西南海中島嶼也周圍數百里爲佛郎機所轄凡大西洋各國船回祖家必南行經嗚喇叭至地問然後轉西少北行約一月可到此山無土人其所居皆佛郎機及所用烏鬼奴土產烏木由此向北少西行約半月有奇謂之過峽一路風日晦暝波濤汹怒寒雪飄零六月不息舟人戰慄咸有戒心其天氣與妙哩士迥别過峽後至一島謂之峽山爲荷蘭所轄天復炎熱但海闊風狂波浪騰湧舟行經此遇風過猛必須稍待風和而行山亦無土人唯荷囒及鬼奴居之土產梨牛黃有

大烏莫知其名其卵大數寸由此更北行少西順風約七八日復至一島名散爹哩周圍約百里爲唤咭利來往泊船取水之地無土產有唤咭利兵在此鎮守

大西洋國又名布路叽士氣候嚴寒甚於閩粤由散爹哩正北行約二旬可到國境其海口南向有二礮臺謂之交牙礮臺儲大銅礮四五百架有兵二千守之凡有海艘回國及各國船到本國必先遣人查看有無出痘瘡者若有則不許入口須待痘瘡平愈方得進港港內有市鎮七處如中國七府由交牙礮臺進港行數十里到頗濟窩亞此一大市鎮也國王建都于此有砲臺無城

郭又由此進則爲金吧喇亦一市鎭凡入中華爲欽王監及至澳門作大和尙者多此土人又進爲寄嗟又進爲繼丟其餘爲耒噌爲阿喇咖爲渣彼皆大市鎭也人煙稠密舟車輻輳各有重兵鎭守土番色白好潔居必樓屋器用俱極精巧色尙白凡墻屋皆以灰塗飾稍舊則復塗之女人亦以色白者爲貴稱王曰哩王太子曰黎番爹王子曰咇林西彼王女曰咇林梭使相國爲干爹將軍爲嗎喇叭乍文官有五等一善施哩二明你是路三信伊干第四東噶哩爹五秦嗎哩噶哆武官有九等一果囉你呢二爹領第果囉你呢三薩喇生第摹喇

四嚹嘞五呷吔丹六爹領第七阿哩擬袞八嘮爹九波嚧蠻哩水師官亦有五等一色嗨袞二呷吔丹嗎喇惹喇三呷吔丹爹領第嚏主四呷吔丹爹領第五爹領第嗎喇其鎮守所屬外洋埔頭各官即取移居彼處之富戶為之亦分四等一威伊哆掌理民間雜事一油衣使掌理鬮爭一爹佐哩路掌理糧稅一油衣使亞哩乃掌理出入船艘本國每歲別差一文一武到彼管轄疆域大者或差三四人每有大事則六人合議若所差官未擕習屬則必俟威伊多等四人熟議與彼處民情土風相宜然後施行差官不得自專若均有室家則聽差官

主謀土官多不與爭謂其患難相其也男子上衣短衣下穿褲皆極窄僅可束身有事則加一衣前短後長若蟬翅然官長兩肩別鑲一物如壺蘆形金者為貴銀次之帽圓旁直而上平周圍有邊女人上衣亦短窄下不穿褲以帬圍之多至八九重貧者以布富者以絲俱以輕薄為上年輕則露胸老者掩之出必以寬幅長巾掛其首垂至兩膝富者更以黑紗掩其面紗極細緻遠望之如雲煙其價有值一二十金者手中多弄串珠富者則以珍珠或鑽石為之男女俱穿皮鞋自國王至於庶民無一妻者妻死然後可再娶夫死亦可再嫁生女欲擇

壻男家必先計其粧奩滿其所欲而後許之父母但以女不得嫁爲恥雖竭家資不惜也而男之有婦與否則不復計婚禮不禁同姓唯親兄弟不得爲婚寡婦再醮者雖叔姪亦相匹凡至親爲婚者必詣教主求婚教主許然後婚教主者廟中大和尚也俗奉天主教所在多立廟宇每七日婦女俱到廟禮拜凡娶妻男女俱至廟聽大和尚說法然後同歸入贅者則歸女家男女將議婚父母媒妁必先告教主教主則出示通諭俾衆其知男女先有私約許以情告若有告者卽令從其私約雖父母莫能爭也婦女有犯姦淫及他罪而欲改過者則

進廟請僧懺悔僧坐于小龕中旁開一窗婦女跪于窗下向僧耳語訴其情實僧爲說法謂之解罪僧若以其事告人衆知之則以僧爲非其罪絞凡男女有犯法恐家主罪之者至廟中求僧僧若許爲解釋以書告其家主家主雖怒不敢復罪也人死俱葬于廟中有後來者則擇其先葬者掘取其骸棄諸廟隅而令後至者葬其處生死皆告于廟僧爲記其世系然其家三代以後亦不復知其祖矣國王立不改元以奉天主教紀其年每年以冬至後七日爲歲始合計一歲而分十二月不論月之合朔與否故月有三十一日者以月借日而光爲

不足法也冬至後五十餘日國中男女俱不肉食謂之食齋至四十九日而後止將止三日婦女徧拜各廟謂之尋祖先三日後則廟僧將所藏木雕教主像置之廟堂或置路隅先見者則偏告以爲尋獲次日番僧及軍民等送置别廟藏之大和尚出迎穿大衣長至地衣四角使四僧牽之爲布幕其長丈許寬五六尺用四竿擎其四角擡當戶四人人執一竿大和尚在幕下手執圓鏡中有十字形儀仗軍士擁之而行見者咸跪道旁俟和尚過而後起其女人亦有出家爲尼者别爲一廟居之而扃閉其門戶衣服飲食俱自竇進終其身不復出

有女爲尼則其家俱食祿于王父母有罪尼爲書請乞輕重减赦除之凡軍民見王及官長門外去帽入門趨而進手撫其足而嘬之然後垂手屈身拖腿向後退數步立而言不跪子見父久别者亦門外去其帽趨進抱父腰父以兩手拍其背嘴相親數四子乃屈身拖腿退數步立而言未冠則不抱腰但趨進執父手嘬之餘儀同見母則母抱子腰亦親嘴數四子乃垂手向後屈身拖腿如前時見但垂手向後屈身拖腿如前子幼早晚見父母俱執手嘬之餘如前見祖父如見父見祖母如見母兄弟及親戚相好者久别相見則相抱然後垂手

屈身見長輩如見父儀而不相親嘴長輩而年相若者亦相抱唯卑者微懸其足女見父母及祖父母幼則如男長則趨進執其手嗅之退後兩手攝其襟稍屈足數四見舅姑亦如之親戚男女相見男則垂手屈身掩腿女則兩手攝其裙屈足數四然後坐女相見則相向立各攝其裙屈足左右團轉然後坐朋友親戚路遇則各去其帽出外攜眷回家有親戚訪問者女人必出陪坐諸女人出外遊觀則丈夫或家長親戚攜手同行亦有一男攜二三女而行者此其大畧也俗貴富而賤貧其家富豪貧者雖兄弟叔姪皆不敢入其室不敢與同食云

土產金銀銅鐵白鐵珊瑚硇砂鼻煙燕窩蒲桃酒番鹼
哆囉絨羽紗嗶吱鐘表民多種麥鋤稻耕犁俱用馬
大呂宋國又名意細班惹呢在西洋北少西由大西洋
西北行約八九日可到海口向西疆域較西洋稍寬民
情兇惡亦奉天主教風俗與西洋略同土產金銀銅鐵
哆囉絨羽紗嗶吱蒲桃酒琉璃番鹼鐘表凡中國所用
番銀俱呂宋所鑄各國皆用之
佛朗機國又名佛蘭西在呂宋北少西疆域較呂宋尤
大沿海舟行四十餘日方盡由呂宋陸行約二十日可
到民情淳厚心計奇巧所製鐘表甲于諸國酒亦極佳

風俗土產與西洋畧同亦奉天主教所用銀錢或三角或四方中俱有十字文

荷囒國在佛郎機西北疆域人物衣服俱與西洋同雖富家將死所有家產欲給誰何必先呈明官長死後即依所呈分授雖給親戚朋友亦聽若不預呈則籍沒雖子孫不得守也原奉天主教後因寺僧滋事遂背之然仍立廟宇亦七日則禮拜死則葬于墳園國王已絕嗣羣臣奉王女爲主世以所生女繼今又絕國中不復立王唯以四大臣辦理國政有死者則除其次如中國循資格以次遷轉不世襲所屬各鎮雖在數萬里之外悉

遵號令無敢違背豈其公忠之氣足以震懾與抑其尚
度有獨詳明者與亦以天主教紀年國中所用銀錢爲
人形騎馬舉劍謂之劍錢亦有用紙鈔者土產金銀銅
鐵琉璃哆囉絨羽紗嗶吱番鹼酒鐘表羽紗琉璃甲于
諸國

伊宜國在荷蘭北疆域較西洋稍狹由荷蘭向北行約
七八日可到風俗土產與西洋同

盈蘭你是國在伊宜西北疆域風俗土產與伊宜同由
伊宜沿海向北少西行約旬餘可到

亞哩披華國在盈蘭你是東其南與佛郎機毗連由盈

㡌係是向東少北行約數日可到人頗豪富男子所穿衣較西洋稍長女人以巾裹頭連下頷包之頭戴一圓平頂插以花其額圍以珠翠亦稍與西洋異云

淫跛華國在亞哩披華東北風俗疆域土產畧同其伊宣盈蘭你是亞哩披華淫跛輦各國交界處有地名郎嗎衆建一廟禮拜者日無隙晷是西洋呂宋佛朗機伊宣淫跛輦雙鷹單鷹七國所共奉祀盈蘭你是亞哩披華二國則不拜

祓切部律古國在西洋呂宋佛朗機之後港口在伊宣各國之北疆域極大本回回種類人民強盛穿大袖衣褻

頭服皮服不與諸國相往來西洋人謂之仍跋喇多者
譯華人言大國也唯稱中華及殷古為然
雙鷹國又名一打輦在殷古港口之西北疆域與西洋
同與單鷹國為兄弟患難相周恤亦奉天主教風俗大
畧亦與西洋同番船來廣東有白旗上畫一鳥雙頭者
卽此國也
單鷹國又名帶輦在雙鷹西北疆域風俗畧同番船來
廣東用白旗畫一鷹者是
埔魯寫國又名嗎西噶北在單鷹之北疆域稍大風俗
與回回同自亞陘披華至此天氣益寒男女俱穿皮服

彷彿與中國所披雪衣夜則以當被自此以北則不知其所極矣

嘆咭利國即紅毛番在佛朗機西南對海由散爹哩向北少西行經西洋呂宋佛朗機各境約二月方到海中獨峙周圍數千里人民稀少而多豪富房屋皆重樓疊閣急功尚利以海舶商賈爲生涯海中有利之區咸欲爭之貿易者徧海內以明呀喇曼噠喇薩孟買爲外府民十五以上則供役于王六十以上始止又養外國人以爲卒伍故國雖小而強兵十餘萬海外諸國多懼之海口埔頭名懶倫由口入舟行百餘里地名論倫國中

一大市鎮也樓閣連綿林木葱鬱居人富庶匹于國都有大吏鎮之水極清甘河有三橋謂之三花橋橋各爲法輪激水上行以大錫管接注通流藏于街巷道路之旁人家用水俱無煩挑運各以小銅管接于道旁錫管藏于墻閒别用小法輪激之使注於器王則計戶口而收其水稅三橋分主三方每日轉運一方令人徧巡其方居民命各取水入家則各轉其銅管小法輪水至自注於器足三日用則塞其管一方徧則止其輪水立涸次日別轉一方三日而徧週而復始其禁令甚嚴無敢盜取者亦海外奇觀也國多娼妓雖姦生子必長育之

無敢殘害男女俱穿白衣凶服則用黑武官俱穿紅女人所穿衣其長曳地上窄下寬腰間以帶緊束之欲其纖也帶頭以金爲扣名傅咭會士兩肩以絲帶絡成花樣縫於衣上有吉慶延客飲燕則令女人年輕而美麗者盛服跳舞歌樂以和之宛轉輕捷謂之跳戲富貴家女人無不効而習之以俗之所喜也軍法亦以五人爲伍伍各有長二十人則爲一隊號令嚴肅無敢退縮然惟以連環鎗爲主無他技能也其海艘出海貿易遇覆舟必放三板拯救得人則供其飲食資以盤費俾得各返其國否則有罰此其善政也其餘風俗大畧與西洋

同土産金銀銅錫鉛鐵白鐵藤哆囉絨嗶吱羽紗鐘表玻璃呀囒米酒而無虎豹麞鹿

綏亦咕國在暎咭利西少北疆域與西洋畧同風俗土産如暎咭利而民情較淳厚船由荷囒往約旬餘由暎咭利約六七日可到來廣貿易其船用藍旗畫白十字

盈黎嗎祿咖國在綏亦咕西北與綏亦咕同一海島陸路相通而疆域較大人稍粗壯風俗土産同即來廣州黄旗船是也

咩哩干國在暎咭利西由散爹哩西少北行約二月由暎咭利西行約旬日可到亦海中孤島也疆域稍狹原

爲暎咭利所分封今自爲一國風俗與暎咭利同即來廣東之花旗也土產金銀銅鐵鉛錫白鐵玻璃沙藤洋參鼻煙呀嘣米洋酒哆囉絨羽紗嗶嘰其國出入多用火船船內外俱用輪輻中置火盆火盛沖輪輪轉撥水無煩人力而船行自駛其製巧妙莫可得窺小西洋諸國亦多效之矣自大西洋至咩哩干統謂之大西洋多尚奇技淫巧以海船貿易爲生自王至于庶人無二妻者山多奇禽怪獸莫知其名而無虎豹麋鹿凡船來中國皆南行過峽轉東南經地問噶喇叭置買雜貨北入噶喇叭峽過茶盤即地盆經紅毛淺而來若不泊噶喇

叭則由地問北經馬神崑甸西至茶盤北經紅毛淺而來九月以後北風急則由地問借風向交來蘇祿小呂宋東沙而來其往小西洋貿易者則山葛喇叭西北行經蘇蘇之西呢是之東又西北經呢咕吧拉而往由小西洋復來中國則東南行經亞齊東北廊六呷西南入白石口轉茶盤而來遇北風則由白石口東南行至細利窪入小港經蘇祿小呂宋東沙而來內港船來往則必乘南北風其蘇祿呂宋一道從未有能借風而行者此其大畧也

亞咩哩隔國在峽山正西由峽山西行約一月可到士

番爲順毛烏鬼性情淳良疆域極大分國數十各有土王不相統屬總名亞咩哩隔天氣炎熱與南洋諸國同中有一山名沿你路周圍較西洋國爲大近年西洋王移都于此舊都命太子監守由沿你路西行十餘日地名埋衣哪亦爲西洋所轄又西行十餘日至彼咕噠哩則爲哎咭利所轄其餘各國亦多爲荷囒呂宋佛郎機所侵占至此者脚多生蟲其形如虱須長洗浴挑剔始已土産五穀鑽石金銅蔗白糖又有一木可爲粉土番多食之由此東北行亦通花旗各國

鬈毛烏鬼國在妙哩士正西由妙哩士西行約一月可

至疆域不知所極大小百有餘國民人蠢愚色黑如漆髮皆鬈生其廠涉甯紀國生哪國咖補呕葦國皆為西洋所奪又嘗掠其民販賣各國為奴婢其土產五穀象牙犀角海馬牙橙西瓜

哇夫島　哇希島　匪支島　唵你島　干你島　蠻格是　哪韋吧　亞哆歪以上八島俱在東海由地問正東行約二月可到每島周圍十餘里各有土番數百其地多豬西洋船經此取鐵釘四枚即換豬一頭可三十觔人性渾厖地氣炎熱土番不穿布帛唯取鳥衣或木皮圍下體能終日在水中有娼妓見海船來俱赤身

落水取大木一段承其頷浮游水面海船人招呼之即至聽其調護與之鐵釘二枚則喜躍而去不知其何所用也有花旗番寓居亞哆歪採買貨物土產珍珠海參檀香著芋無五穀牛馬雞鴨有果不知其名形似柚而小熟時土人取歸火煨而食之味如饅頭不食鹽由此又東行二三月海中有三山西洋人呼其一為努王一為衫哩一為亞喇德反並無居人唯有鳥獸間過此以東則南針不定番船亦不敢復往云

開於在東北海由咩夫島北行約三月可到謝清高云伊昔隨西洋海船至此採買海虎灰鼠狐貍各皮天氣

凝寒雪花徧地船初至海口有氷塊流出大者尋丈未敢遽進鳴大礮有土人搖小船來引其船皆刳獨木爲之船中有通其語者故得與交易聞其地名似爲開於二音遂呼爲開於其人甚稀而形似中國食乾魚每日見太陽在南方高僅數丈一二時卽落而未甚昏黑惟戌亥二時始晦餘時俱可見人每月唯望前後數日可見月光星光則未見也初到時手足皆凍裂而土人無恙唯來往手中皆執大木葉二坐則以足踏之知必有取也亦效之果愈不知爲何木也土人極喜中國皮箱見則以皮交易而去偶上岸步行入一土窟土人外出

見藏皮箱十餘開看皆裝人頭二顆怖而返由此復北行二十餘日至一海港復鳴礮不見人來遂不敢進聞其北是爲氷海云其東洋諸國淸高所未至故皆不錄

姪懋建校字

海島逸誌摘畧

柳谷王大海碧卿氏著

量天尺

和蘭行舟不重指南車以量天尺量之則舟行幾許又能按圖知海中沙石泥濘之處毫無差錯其形畧似紙箑能開闔有一横尺一斜尺尺中有分有寸俱書和蘭字每量必於午刻日中之際其横者以定均平其斜者以觀道途之遠近海中之深淺情理頗奥華人有從其學者終莫能得其旨焉

察天筒

以玻璃筒二式如筆管長一尺餘內實水銀置之匣中旁書和蘭字其水銀自能升降大約晴明則水銀下沈陰晦則水銀上浮然浮沈有高低覩其旁字以察風雨晦暝未常不驗

天船

其船短小式如亭可容十人內置風櫃極其精巧如渾天儀用數人極力鼓之便能飛騰至極高之處自有天風習習欲往何處則揚帆用量天尺量之至其處乃收帆聽其墜下相傳曾有被日火燒毀并㬌死者所以不敢頻用也

風銃

形與銃礮相似有囊可挽用時引藥實子放之聲不甚響亦能傷人和蘭法度森嚴民間違禁有之則究莫敢置者

濃迎

番戲名曰濃迎番婦之頗有色者帶虬髮纏錦襪插金花搖紙扇裸衣赤脚歌番歌舞番舞搖頭閃目鵠立驚行演唱雜劇備諸醜態或兩婦對舞或三四婦共跳舞閩人亦可入其中與之對舞名曰弄濃迎弄畢則酬以金每於清夜遠遠聽之其音淒切悲楚所謂異鄉之樂

聽令人悲耳者有帶鬼臉者名曰多羣其演唱略同濃迎

徂多淫褻不堪之詞番社中最喜日夜演唱華人往居

之地嚴拒不許入境焉又有花英者類影戲俗呼皮猴

者曰花英所演唱皆其爪亞上古故事未全人形或飛

或遁如稗官所載諸詭誕不經之事竹木雜陳俚鄙之

極不堪注目者也

藤橋

兩山相向中夾一溪而水深流急不能造橋兩岸大樹

參天而樹杪交柯者用竹篾連綿糾結闊七八尺長十

餘丈篾之兩邊以藤懸掛樹杪形如月橋浮空搖曳作

見駭人番衆過之如履平地余自巔至頂必由之徑無可奈何乃下輿戒僕人不得同過懼其搖曳也徐步輕涉而進至其半高處目不敢下視懼而蹻足則其搖愈甚乃伏而坐番僕見余懼而欲走進扶掖余愈懼急止之小停則其搖息乃徐起戰戰而下噫異域畏途於玆僅見也

甲板船

吧城海口有甲板嶼因和蘭建造甲板船之處故名曰甲板嶼其船二十五年則折毀有定限也其船板可用者用之無用者則焚之而取其釘鐵船板厚經尺橫木

艙隔必用鐵板兩傍夾之船板上復用銅鉛板連片徧鋪桅三接帆用布船中大小帆四十八片其旁縱繂紲悉皆銅鐵造成所以堅固牢實鮮有損事其船艙如式牆安置大炮數十船大者炮兩層小者炮一層水手每人各司一事雖黑夜暴雨狂風不敢少懈法度嚴峻畫者立斬船主主之所以甲板船洋寇不敢近也觀我廈島唐帆烏合草創直兒戲耳故每為洋寇所害也

千里鏡

千里鏡能觀遠景者無足稱奇有屈曲管者能觀其望之偏隅房中幽隱之處無不遍及其佳者每管價值數

千金用以禦敵可望敵營中能週知其虛實女牆衣壁人數多寡洞見底裏誠鬼工之奇技也

天炮

和蘭禦敵多用天炮而紅毛之技較之和蘭又精巧炮用銅鑄每炮尺寸長幾何圍大若干能及其遠近幾許皆有定限也譬如敵營遠近幾許用量天尺量之用屌曲鏡覷之則舉炮照中其處不踰尺寸炮必向上而舉到其處銃子即能墜落而旋滾周徧焉因沖天而舉故名曰天炮云

孕鼉

鱷魚性淫每雌雄交媾其遺精溢出隨水而流婦人浴於河者觸之不自知也竟能成孕而産鱷魚無敢加害必送於河焉聞之安南極多吧國不常有也

龍吸水 俗云鼠尾

大海之中風雨晝晦有黑雲一片如針下垂漸低漸墜至海者則水爲之漈洄湍湃遠者無妨近則燒鷄羽放花炮而水櫃水桶皆當謹慎用棉被或用衣服覆蓋不然盡被吸去矣海水味鹹騰而爲雨則淡是天地好生之德不可測議者也

磁石洋

在南旺之東山谷間及崖岸皆有磁石磁石性能引鐵故其處之船皆用竹釘爲之不敢用鐵釘也來往船皆悉當颶開不得相近或有被狂風驅逐而惧近者則被其牽引不能解脱矣

海人

產於南海之濱身長三四尺形體與人無少異色黃其臍有根長數十丈蒂於海底石中每產必男女相因無鰥寡焉和蘭欲窮覽博物利漁人捕得之根斷則死實以火酒而進焉和人每聞有奇形異狀之物不惜重費必羅納以壯奇觀用火酒實以玻璃器而藏之厨中怪

禽異獸毒蛇惡魚無所不有焉

海和尚

大海之中不常有也起則有風颶之災形如人口闊至耳見人嘻笑名曰海和尚見之者知爲不祥必遭狂風巨浪立至而舟有傾覆之患也

尿婆

形如婦人有翼如鳥栖於船桅之上則水淫溢自桅而下頭刻滿艙船中登桅安置帆索者名曰阿斑則速命其赤體登桅肆罵穢語則飛去不然必有沉溺之憂矣安南港口六崑柔佛之地恒有之他處希少也

印魚

狀如鱷魚額似猪嘴鈎起放船上則額貼於船板若貼人手足皆難脫也割取其額云善治難產又有小魚三依於兩腮之間行則道之如海蚱之以蝦相棲也雖鈎上不肯相離其依附愈堅並獲不脫可謂魚之忠者

猴棗

猴遇獵人被刀銃傷而不死者自識其藥採取以敷患處愈而成疤再爲人所獲者割取其疤中如石子圓緻光潤名曰猴棗用以爲藥性清涼解熱毒猴之有棗猶牛之有黃也

暴暴煙

暴暴地土頗大物產繁多商船無敢交易其處者風俗狡獪如鬼如蜮懼其煙也不知何藥所製於上風高處焚之聞其煙則舉船之人皆立斃也所以物產卑賤少有通往之船必自運出耳

蝘蜓

狀似蜥蜴長五六寸身高脊騰尾長鱗細其行甚捷棲於綠葉之上則其身之色青行於灰則身之色白行於炭則身之色黑其身能隨地之色而變幻亦事物之離奇怪異大不可解也

火煙山

火煙山在吧城西南六百餘里其山極高入霄雲到峯頂如竈上之突日夜不息晴明則其煙少減風雨晦暝則其煙愈熾或有時如鳴巨炮則天雨灰氣味如硫磺蓋者南海之極乃地氣所發舒也錄之以備博物者採取

火輪船

其船長十丈有餘桅帆備而不用用車輪二枚輪以鐵葉每十六片艙面豎大小煙具二管管下置煤旁設竈鍋貯以清水火生氣騰沖動管上機盤兩輪旋轉鐵葉

扒水船即行動如飛

五行

地在西南氣候迥異晝夜之短長潮汐之早晚皆與內地相反春雨夏旱歲以爲常風則朝南暮北來往乘之夜則北斗以下諸星沉沒不見而南方星宿倍見明亮朔望不常緣不置閏月也其四時八節悉皆符同以冬至後十月爲一歲首千百載如一

霧鳥

産於萬瀾安汝之間狀類錦鷄棲於雲中飲霧餐霞未常履地迨其死乃墜落其毛輕鬆柔媚兩翅之端有脩

倒掛凡餘其尾如飛搖曳聯翩若欲乘風飄去然

女兒歡

長僅盈尺無枝葉狀如王瓜而直而不屈性柔軟任人圍屈不斷迎風則搖曳可觀或有淫婦誂而與交即勃然而興不數日長踰于人長定即花花只一朶千瓣重臺形如罌粟而嬌艷過之有紅者有黄者有紫白者有淺紅淺紫者開時其色不一若不觸以婦人雖日久而長艶如恒

竹筏

西洋凡有過渡之處不用舟楫皆用篩竹數十片編爲

竹筏不用篙槳只用大藤一條長數十丈橫亘東西兩岸或立木爲竿以繫之或繫於大樹之身又以小藤數條結於筏環繫大藤之上欲渡時數人手挽大藤循藤而過焉

丹六

和蘭每宴會必設長席可坐數十人名曰鋧實躋絲竹雜陳男女相對而舞名曰丹六其俗女子字人聽其自擇名曰思甲若兩相愛悅則對舞以定匹偶其樂有長如瑟者其音清朗有高如人者立而彈之其聲高曠有形如琴者其音鏗鏘可聽頗有大雅之風其樂具之精

妙工巧異常其最者每副價值千金

有尾番

里猫柔之別種居深山之中醜惡紋身有尾長五六寸其末有毫數莖長一二寸常傭爲舟工至吧國人或識之則走匿他處有欲迫而觀之者則反顔相仇矣

南海

和蘭欲胥西洋之地闢擴州府以甲板船四各持三載糧從南海尋覓地方望南迅發窮極涯際不見島嶼經一年餘至昏黑之處雲霧繞船不辨天海毒魚怪鳥窺人不避日月無光晝短只二三時則爲長夜矣駭懼而

返舟及至吧四者僅存其二焉

員虹青電

海上之虹遠者只見其半如常也近者竟如環無端矣余初聞之吧人云吉裏門之電青而不條余未之信及往馬辰道經吉理門是晚有電果不紅而深青其光散漫無條緒東坡云天下奇觀到海盡信哉是言也

犀牛

狀如牛而大過之皮如荔殼而紋大如錢背有迹如馬鞍以覆其項足臃腫如象頭如鼠嘴如龜好行荊棘中喜食藤棘頭一角在鼻梁上世所繪其角在額者誤也

此余所目睹每行深林中觸樹木皆傾折飛禽走獸聞之莫不辟易

玳瑁

狀如龜鱉背負十二葉取之之法倒懸其身背澁以醋用火炙之片片自落名曰頭瑁其價昂放之海中越年更生網得再炙則片薄而軟名曰二瑁其價賤以黑斑少者爲貴純白無價亦希逢難得矣

飛頭

卽絲羅蠻安南最多吧國絕少耳其名而未常聞有犯者乃深山中土番別種之番婦也目無瞳子能夜視於

夜間則飛頭入房屋食人腸胃惟忌酸則目不敢開每
戒之法用酸柑汁灑之則不敢近也

指南車

和蘭行船指南車不用針以鐵一片兩頭尖而中闊形
如梭當心一小凹下立一鋭以承之式如兩傘而旋轉
面書和蘭字用十六方向曰東西南北曰東南東北西
南西北曰東南之左東南之右東北之左東北之右西
南之左西南之右西北之左西北之右是亦一道也唐
帆欲往何方乃旋指南車之字向以繩船洋帆欲往何
方則旋船以依指南車之字向揆其理一也但製度異

卵

大小卵

海鵞之大數倍於鵞生卵大至五六寸重至一二觔卵殼堅硬墜地不破有自西洋攜歸一二枚者詭云馬卵以居奇郎此物是也吧中雄雞亦往往生卵細如白菓剖之則純白而無黃此蓋陰陽反悖不正之氣其所畜養之家必有不祥之事已有驗矣

銖厘

番語寫字曰銖厘和蘭寫字用鵞毛管削尖作筆濡墨橫書自左而右紅毛和蘭色仔咩諸國皆同爪亞無來

幽息奎則用竹片削尖而書亦稱書則自右而左武吃猫壓把實里猫柔則又各別間有一種番寫字自下而上者鮮到吧國未之目覩也

酣贛

酣贛敎名如白蓮尤渓之類非國名也爪亞無来由里猫柔皆習之其敎持經咒法語不論年月揣摩就則成爲銅身鐵骨刀鎗不能傷惟忌猪犬以猪油犬血塗刃鎗殺之則能飲刃也

武藝

西洋諸國皆習武藝武吃氏俗尚剛勇武藝精者父母

榮之鄉里敬之尊之曰牛實地（大好漢也）能武斷一鄉無不服從者所以不論男女十歲以上則演習鎗刀跳舞諸技其鎗法刀法皆有教師秘傳其教之名色甚多如太祖達尊猴拳鶴勢之類故其武藝爲西洋之最余一婢名掌珠隨從馬辰中途遇賊余倉皇失措舟師曰衆寡不敵奈何婢曰事已如此當共努力余不知所爲婢云無恐持鎗而出守於樓門不動賊登舟擁至婢以鎗揮之立傷數人賊退而相謂曰何得有武吃氏之鎗法婢叱曰我即武吃氏也請再詳試之賊懼而盡披靡

山丹

山丹有深紅者有淺紅者有白者能香但其枝柔垂地葉尖而軟皆四時開謝亦無殘歇余於十二月廈島揚帆次年正月初間到吧國悉見諸處園林芙蕖菊花雲南菊蜀葵茉莉鳳仙珠蘭草本諸花並開乍見駭異詢之吧人皆云頻年長放相續不絶

樹蘭花

和蘭園林皆用樹蘭花以爲檻方廣過布高與膝齊闊不滿尺每月必剪兩三次轉接皆有規矩偏隅不失分寸望之如垣幽勝可觀也

絲連

絲連樹如椰其心如蕉花下垂割之承以竹筒隔宿而水滿其中焉煑之則成糖俗呼曰爪亞糖

澤海眞人

澤海眞人姓郭名六官始以帆海經商舟師番人窺其貨物充盈將萌惡念六官陰知其意乃曰奴輩利吾財耳無須行兇俟余浴畢自獻所欲浴竟更衣赴海而行瞬息不見番人大懼有頃風浪大作舟覆番衆盡死華人以爲神私謚曰澤海眞人立祠以祀焉

蘇某之妻

漳城東門外深青社有蘇某者經商西洋娶婦某氏數

載以不獲利而歸遂卒於家西洋婦聞其訃且知其家貧親老子幼乃孑然帆海以歸夫家奉養老母克盡孝道教子成人嗚呼婦人節義求之中華尚不多得况荒服僻壤之地哉誠令人肅然起敬嗟感不忘也昔未詳其姓氏爲恨耳

連捷公之妻

連捷公之妻某氏容貌豔麗遭吧國之亂夫死爲權貴所得欲納以爲妻某氏佯許而請祭其夫於江然後易吉從之致祭盡禮投江而死

尸羅蠻見海國聞見録卽前飛頭也因前未詳細故又録附

其形與人無異但目無瞳子人娶之亦生男女夜眠覔變爲狸狗率類向水厠嗜食糞穢將明附鬼若熟睡翻覆其身覔不得附歸女爲經紀人戲以酸柑擠汁噀之眼淚長流而不可忍人染痢者若不洗滌夜爲尸羅蠻舐食化作小物入穀道而食腸腹故居暹之人以近水搭厠便於淨滌

箭鳥

狀如海雁而小喙尖而紅脚短而綠尾帶一箭長二尺許名曰箭鳥船到洋中飛而來示與人爲準呼是則飛而闔閭在疑似再呼細看決疑仍飛而來獻紙謝則翺

翔不知其所之相傳王三寶下西洋呼鳥插箭命在洋中爲記

僧佛賓

佛賓三寶擺觀音亭住持僧漳之漳浦人也能書善畫出言滑稽公然娶婦育子女各一蓄婢僕客至喚婢烹茗誠可笑也葢西洋僧家有妻有妾無足爲奇余戲佛賓絕句云聞道金仙在此間禪家世事竟安閒袈裟自繡開房裏待客烹茶喚小鬟

寄生

海濱坡岸沙磧中多死螺之殼小蟹見螺殼則潛隱其

中久之而尾漸生附於螺殼擔殼而走依然活螺拾之者見其殼以爲螺覩其肉則猶然小蟹也是可玩而不可食俗呼曰寄生

和蘭醫

王璘生疽發於背腐潰欲絶先是有人薦和蘭醫璘生知其用刀宰割懼而卻之後痛楚不堪外科皆束手不得已乃聘和蘭醫入門一見則曰瘡劇矣何不早告自作之孽也急覓一豕乃喚其僕於車中攜小箱出藥酒一瓶斟以盞曰飲之則身麻不知痛癢也出銀刀割去瘡之腐潰者大如盤縛豕於庭生割其肉亦大如盤掺

藥敷之時許藥其家肉臭黑不堪其毒悉爲拔出矣如是者三日可矣乃敷以膏藥戒曰當慎房事節酒食經月耳三月而平復我華人外科無其技也雖華陀扁鵲何以過焉

高厚蒙求摘畧

松江徐朝俊輯

巨銅人

高跨浮屠海中築兩臺以盛其足風帆直過跨下其一指中可容一人直立掌托銅盤夜燃火于內以照行海者鑄十二年而成後爲地震而崩國人運其銅以駱駝九百隻往負之

拔爾撒摩樹

樹生脂膏極香烈人有傷損傅之一晝夜肌肉復合如故塗痘不瘢以塗屍千年不朽壞

異羊

可當騾馬牲甚倔强有時倒臥雖鞭死不起或以好言慰之即起而走食料甚少可絕食三四日所生一物如卵可療諸病海國甚貴之

把勒亞魚

身長數十丈首有二大孔噴水上出每過海船則昂首注水船中頃刻水滿船沉遇之者亟以盛酒鉅木甖投之連吞數甖則俛首而逝

斯得白魚

長二十五丈其性最良善能保護人或漁人爲惡魚所

國此魚輒往闘解漁人之困故國法禁人捕之

仁魚

此魚嘗負一小兒登岸偶以鬐觸傷兒兒死魚不勝悲痛亦觸石死西國取海豚嘗藉仁魚爲招每呼仁魚入網即入海豚亦與之俱俟豚入盡復呼仁魚出網而海豚悉羅矣

剌瓦而多

形似鱷魚長尾堅鱗甲刀箭不能入足有利爪鋸牙滿口性甚獰惡入水食魚登陸人畜無所擇百魚遠近皆避第其行甚遲小魚百種常隨之以避他魚吞啖其生

子初如鵝卵後漸長以至二丈每吐涎于地人畜踐之即仆因就食凡物開口皆動下頦此魚獨動上齶口中亦無舌冬月則不食物人見之卻走必逐而食之人返逐之彼亦卻走其日入水則鈍出水極明見人遠則哭之近則噬之故西國稱假慈悲爲刺瓦而多哭獨有三物能制之一爲仁魚此魚通身鱗甲惟腹下有輭處仁魚鬐甚利能刺殺一爲乙苟滿鼠屬也其大如貓善以泥塗身令滑俟此魚開口輒入其腹嚙其五臟而出又能破壞其卵一爲雜腹蘭香草也此魚最喜入蜜養蜂家四周種雜腹蘭即不敢入

海魚

大如海島嘗有西舶就一海島纜舟登岸行遊半晌又復在岸造作火食漸次登舟解維不幾里忽聞海中起大聲回視向所登之島已沒方知是魚背

海獸

二手二足氣力猛甚遇海舶輒顛倒播弄之多遭沒溺西舶稱爲海鬼

魷魚

長僅尺許有殼而六足足有皮如欲他徙則竪半殼當舟張足皮當帆乘風而行

大蟹

大丈許其螯以鉗人首人首立斷鉗人肱人肱立斷以其殼覆地如矮屋然

海人

遍體皆人鬚眉畢具特手指相連如鳧爪西海曾捕得之進于國王與之言語不應與之飲食不嘗復縱之海轉盼視人鼓掌大笑而去二百年前西洋喝蘭達地曾于海中獲一女人與之食輒食亦肯爲人役使且活多年但不能言其一身有肉皮下垂至地如衣袍服者但着體而生不可脫卸二者俱可登岸數日不食但不識

其性情莫測其族類似人非人不知其在海宅于何所

落斯馬

長四丈許足短居海底罕出水面皮甚堅用力刺之不可入額有二角如鈎寐時則以角挂石盡一日不醒

白角兒魚

其魚善窺飛魚之影伺其所向先至其所開口待啖恒相追十數里飛魚急輒上人舟爲人得之舟人以鷄羽或白練飄揚水面上着利鈎白角兒認爲飛魚躍起吞之便爲舟人所獲

龜龍

高四尺四足長牙遇人即嚙齧即死

黑虎

較虎差小或變人形日晝入市覺者必擒殺之

番社采風圖考摘畧

滿洲 六十七居魯纂

耕田

番俗以女承家凡家務悉以女主之故女作而男隨焉番婦耕稼備嘗辛苦或襁負子扶犂男則僅供饁餉侍御范咸有水田黎婦盡春耕之句

製酒

收成後擇吉製酒以口嚼生米爲麴和蒸飯調勻置缸中蓋以稻穰弆藏宻處五日掬而嘗之盎盎然泛齊成矣其色白善醉易醒作麴時口中喃喃作聲若有所祝

者

乘屋

葢屋先植棟柱子地然後削竹爲椽編茅爲瓦成圓葢會社衆合力輦舉置棟上前後皆有闔扇繪雕髹漆殊炫麗兩傍皆細竹編爲花草等紋外堅密而中無間隔形勢狹長遠望有如畫舫焉

送花

番已娶者名遲調燚有禁未娶者名麻達番女年及笄任自擇配每日梳洗麻達有見之屬意者饋鮮花贈芍歸荑備備繾綣柳葉桃根婉致風情遂與野合告父母

成牽手焉如後反目許相離異名爲放手所生男女仍歸番婦

口琴

削竹爲片如紙薄長四五寸以鐵爲環其端銜于口吹之名曰口琴又有制類琴狀大如拇指長可四寸窪其中二寸許釘以銅片另繫一柄以手拔循唇採動之銅片間有聲嬝娓相爾女麻達于節月淸夜吹行社中番女悅則和而應之潛通情款夏侍御有詩云不須挑逗苦勞心竹片沿絲巧作琴遠韻低微傳齒頰依稀私語夜來深

贅婦

番重生女贅壻于家謂之有賺生男出贅謂之無賺蓋以女配男承接宗支也成婚日番女靚粧坐板棚上四人肩之揭彩竿于前鳴鑼喧集遨遊里社親黨各致賀至壻家攜手同歸兩家父母亦共飲酒三五斗以後遺簪絕纓歡謔無度數日方止

乳兒

番無男女不親之嫌番婦乳兒見者從傍與相戲狎甚喜以爲人愛其子雖撫摩其乳不禁也若過而不問殊有怫意

布狀

番婦育兒以大布爲襁褓有事耕織則繫布於樹數枝椏相距遠近首尾結之若懸狀然風動枝葉颯颯然兒驅其中不顛不怖飢則就乳之醒仍置焉故長不畏風寒終歲赤裸扳緣高樹若素習然

箍腹

番俗以馳走飛逐爲活計憂腰肥爲累從髫齔便令箍腹以細竹編如簸濶有咫長與腰齊圍繞束之故有力善走重繭累胝能數千里可敵倏飛奔成焉

文身

古傳文身以避蛟龍之害勾吳已然番人以針刺膚漬以黑汁使膚完皮合徧體青紋有如花草錦繡及臺閣之狀但刺時殊痛楚亦有傷生者番俗裸以爲飾社中以此推爲雄長番女以此願求婚媾故相尚焉

鑿齒

番俗男女成婚日牽手彰化以北内山等社牽手半月後設酒延諸番親串到社新婦以鍼周刺目旁爲花草等狀寬五六分債以黑皂若丈夫鬚髯蓊欲以別室女也又男女各折去上齒二以相遺取痛癢相關之意

戲毬

番以藤絲編製爲毬大如瓜輕如綿畫以五彩每歲日清明會社衆爲蹴踘之戲先以手送于之中衆番各執長竿以尖托之落而復起如弄丸戲彈以失墜者爲負罰以酒男女堵觀以爲歡娛

鼻簫

截竹爲管竅四孔長可尺二寸通小孔于竹節之首按于鼻橫吹之高下清濁中節度蓋亦可謂爲邑簫也麻達夜間吹行社中番女聞而悅之引與同處有詩云鼻簫清響遏行雲有女東墻側耳聞何必焦桐傳密意數聲吹出卓文君

會飲

農事既畢各番互相邀飲必令酒多不拘肴核男女雜坐讙呼其最相親愛者亞肩並唇取酒從上瀉下雙入于口傾流滿地以爲快樂若漢人闌入便拉同飲不醉不止

番戲

番俗成婚後三日會諸親飲宴各婦女艷糚赴集以手相挽面相對舉身擺蕩以足下軒輊應之循環不斷爲兩匝圓井形引聲高唱互相答和搖頭閉目備極媚態此習女子連袂踏歌意也雖非子夜懊儂等曲亦有詞

詞自抒其天籟耳黃侍御有詩云男冠毛羽女鬖髿衣極鮮華酒極酣一度齊咻金一扣不知歌曲但喃喃周鏜瑲有詩云聯臂把袖自歌呼別樣風流絕世無番調可知輸白雪也應不似潑寒胡

遊車

番無年歲不辨四時以刺桐花開爲一度每當花紅草綠之時整潔牛車番女梳洗盛粧飾登車往鄰社游觀麻達執鞭爲之驅途中親戚相遇擲果爲戲若行人有目逆之而稱其豔冶者則男女均悅以爲快

鞦韆

番女有緲綿氏之戲即鞦韆也以緲爲飛以綿氏爲天意以爲飛天耳每風和景明招邀同伴椎髻盤花靚粧麗服以銀錢珊珠貫肩背條脫纏腕纍纍相比歡呼游戲臺人有雲靄碧梧飛彩鳳花移丹桂下姮娥之句

浴川

彰化以北番婦日往溪潭盥頮沐浴女伴牽呼掬浮蹀躞謔浪相嬲雖番漢聚觀無所怖忌臺人有浪暎桃腮花片落波搖粉臂玉魚遊之句郁永河有詩云覆額齊肩繞亂莎不分男女似頭陀晚來女伴臨溪浴一隊鷗鳧漾綠波

雞距

內山有社名曰嘟國其番剪髮突睛大耳狀其異足皆如雞爪上樹如猿獮善射好殺番境食息皆在樹間非種植不下平地常深夜獨出至海濱取水遇土番往往竊其首去土番亦追殺不遺餘力蓋其足趾楂杈不利平地多為土番追及既登樹則穿林度棘不可復制矣其巢與雞籠世相近無路可通土人扳藤上下與之交易一月一次雖生番亦懾焉惟懼砲火聞聲即逃遁

紅毛番嘆咭唎考畧

黟縣汪文泰輯

紅毛番英吉利在佛郎機西對海李兆洛海國紀聞

紅毛等國居西北辛戌乾方英機黎一國懸三島於客因黃祁荷蘭佛蘭西四國之西北海陳倫炯海國聞見錄

自言其國在長白山之背又與俄羅斯鄰韓霖西洋會士著書目補

續注 去中華七萬里故荷蘭之屬國也庚英夷說

賀蘭紅毛番今又折其名曰英吉利曰瑞曰𨏩印光任張汝霖澳門紀畧

宋朝事實趙汝适諸番志宋史外國五並云注輦水行至廣州約四十一萬一千四百里沈适筆

謨謂之珠輦國元史謂之俱藍國云招討使楊廷璧三往招之自泉州至其國十萬里元史似無夸語其地當是明時大西洋曰瑞曰璉者荷蘭并之今其地入英吉利矣余正燮癸巳類稿

今英吉利人或自言舊爲歐邏巴屬國案西夷說地分五大州歐邏巴爲第一大州中七十餘國歐邏巴並非國名蓋後英吉利侵佔荷蘭地深諱其背本故譎言之西人艾儒畧言中國距大西洋路幾九萬湯若望云八萬里中土人疑其夸則云只五萬里此云七萬里蓋皆嚮壁意揣之辭海行殆難以道里計也

其人類荷蘭王大海海島逸誌深目長鼻明史外國荷蘭傳高準碧眸淨鬚髮海國聞見錄髮眉鬚皆赤足長尺二寸頎偉倍常明史披帶豬毛戴毡卷笠短衣袖緊襪而皮履高後底畧與俄羅斯至京師者相似海國聞見錄其所役使名烏鬼明史暴暴種海島逸誌通體黝黑如漆絶有力入水不眯目澳門紀畧走海面若平地明史生於安汶之東木處而穴居不火食海島逸誌案安汶在噶留巴東南初至時與之火食累日洞泄謂之換腸或病死若不死即可久畜鬚髮皆卷而黃唐時所謂崑崙奴也澳門紀畧於東西洋別爲種落顧祖禹讀史方輿紀畧海中特峙一山海國紀聞斗入海中西南北三面皆海惟東南通

陸形如箕舌斝同中國登萊形勢東西長一千六百里南北六七百里（道光二十年白夷晏士打剌打蘿供詞）周圍四千餘里（海國紀聞）都囒嚹（道光十九年欽差大臣林則徐奏摺）距海二百里有河通海王宮在城外依山阻水上有礮臺山後舊王宮方四里爲朝會之所山前面河者爲新王宮爲游幸之所隔河築城距宮十五里（晏士打剌打蘿供）海口市鎮名嬾倫第二海口名論倫有四十五日程人民稀少（海國紀聞）立法苛刻少恩（海島逸誌）年十四以上則供役六十以上始退民富豪多娼妓屋皆重樓尤嗜利貿易徧海內以明雅鎛曼打拉沙爲外府（海國紀聞）

明雅鎛在徹里耕西對海海口名噶支里甚濶水濁而淺船至此先放砲使土人聞知以小船爲導方能進口若四月至八月則不能彼時風雨多故也　曼打拉沙在噶支里海口西南

國小而勝兵十餘萬海國紀聞用越國鄙遠法古地開墾置敘跛戍兵西轄米里幹彼姑連里東并望買打拉者阿英假徹里耕新埠莽孤盧舊柔佛癸巳類稿

咩裏幹國在紅毛西今作咪唎嚂海中孤島也初爲紅毛所分今自爲一國花旗船是有火船　亞姻裏隔國在夾山正西行二十日至一地名彼姑達里近爲紅

毛所奪海國紀聞　出雲南夫笠國之西南爲小西洋戈什塔東西南三面皆臨大海東沿海地網礁臘係英機黎埔頭西沿海地曰蘇喇曰網買皆英機黎埔頭海國聞見錄　望買士番名叭使是紅毛市鎮有城郭紅毛有數千人居焉蘇喇在望買北紅毛所轄　阿英假紅毛所轄　打喇者在馬英西北紅毛所轄　徹裏耕在烏土大山之北近數十年紅毛所開　新埠在沙嚼俄北大海中獨峙一山周百餘里不與諸國相連　莽姑盧國沿海之地近爲紅毛所奪王徙居山内紅毛兵數百人守之　舊柔佛本柔佛國都後徙

而墟其地嘉慶二十四年紅毛新開之地可數百里士人本無黎由種類海國紀聞凡南洋咭噶丹丁家羅三佛齊噶喇叭烏土諸國皆供其賦稅英夷說

咭噶丹國在大泥東南國小而產金　丁家羅國在咭噶丹東南海國紀聞　三佛齊古名干陀利至宋名三佛齊洪武時爪哇據其國改其名曰舊港明史稿外國　在莽姑盧東地相連海國紀聞　噶喇巴臺灣府志作咬𠺕巴海國紀聞作咖喇巴南在海中皇朝通考四裔考舊港南大山縱橫二百餘里海國紀聞國多椰椰名噶喇巴華人因稱曰噶喇巴海島

邏誌

烏土國在暹羅港牙西北疆域較暹羅稍大海國紀聞

又與荷蘭分據無來由息力大山許宗彥鑑止水齋集

由呂宋正南而視有一大山總名無來由息力大山山之東為蘇祿西鄰吉里問又西沿文萊即古婆羅國再繞西朱葛礁喇大山之正南為馬神海國聞見錄

又東南越海并俺門徜徉海中占地多於荷蘭癸巳類稿

俺門東南海中亂山之一近為紅毛所轄海國紀聞

又有海島名新新坡者距大嶼山五六日程平野數百里英東亦據之建集英書院案刑侍黃爵滋奏摺英作賢選國之俊

秀肄業其中經史子集畢備英夷說又建英華書院於焉
喇格距大嶼山十一日程
道光十年英華書院刊有東西史記和合一書上敘
中國年代下敘英夷年代出刑侍黃奏摺案明天啟時西人
艾儒畧職方外紀言歐邏巴都會大邑皆官設書院
積書至數十萬卷日開門二次聽士子入內抄寫誦
讀但不許攜出則西夷之建立書院亦久矣
所恃惟巨舟大徵明史船最大用板兩層斲而不削製極
堅厚中國謂之夾板船其實圓木爲之非板也高拱乾臺灣府
志有商船有戈船底皆二重商船樓櫓數十重環以飛

艫內含大銃百梯以藤結而上窗牖以玻瓈嵌之艙以
辟支綴鋪之船腹凡數重縋而下有甜水井菜畦懸釜
而炊張錦綳白氈而臥名曰轈床（澳門紀畧）帆用布大小航
四十八片（海島逸誌）如珠網盤旋八面受風無往不順（臺灣府高
志）柁後置照海鏡大徑數尺戈船有五桅九桅首尾皆
有柁柁工分班駛風惟視羅經所向（澳門紀畧）桅上有斗容
四十人繫繩若梯（方以智物理小識）登桅視千里鏡見遠舟如
豆大則不可及若大如拇指許則續長其桅而追之桅
有雌雄兩竅箍而楔之盔左右帆數百里之遙迴時可
及（澳門紀畧）用混天儀量天尺較日所出刻量時辰離水分

度郎知爲某處海國聞見錄

船不畏風浪獨畏山礁淺沙又畏火船上火禁最嚴職方外紀時時爲患外洋澳門記畧鄰國多畏之海國記畧廣南創爲小舨曰札船駕巨礮於上攻夾板船底底破即沈臺灣府志俞正燮癸巳類稿札船述札船無首尾輕捷異常蓋操楫而行恃人力者嘗駛行繫破夾板船船上人驚則以數十札船掛縺夾板船底爭攙之至淺處而夾板船中人物無歸者紅毛人駕舟遊廣安灣其號令舟行望見廣安灣則柁師斬矣皇朝文獻通考安南癸巳類稿札船述

安南人善沒紅毛呷板風水不順溜入廣南內者國

遣小船數百人背竹筒攜細纜沒水密釘細纜於舺板船底遠槳牽拽船以淺擱火焚而取其船重今紅毛舺板以不見廣南山為戒見則主舊者曰戮長國有常刑見海國聞見錄

多火輪船行最速以遞文報髮土打剝打蘿哄火船者於船中多作機輪使遞相絞轉燒火而取其烟以發輪烟熾氣激輪轉如飛撥水而前不用帆槳不借風[illegible]長側還常使二人司火一人把舵無遠弗屆此從火能生風悟出中國走馬燈洋燈之製即此意其取烟取氣之法無傳之者海國紀聞

案宋史岳飛傳楊么浮舟湖中以輪激水其行如飛旁置撞竿官舟迎之輒碎飛伐君山木爲巨筏塞諸港汊又以腐木亂草浮上流而下擇水淺處遣善罵者挑之且行且罵賊怒來追則草木壅積舟輪礙不行飛亟遣兵擊之賊奔港中爲筏所拒官軍乘筏張牛革以蔽矢石舉巨木撞其舟盡壞今英夷船亦以火輪擅長岳侯神算尚可師也

刀銃器皿爲西北諸國之冠礮用銅鑄每礮尺寸長幾何圍大若干能及遠近幾許皆有定限敵營遠近用量天尺量之用屈曲鏡觀之則舉礮悉中砲必向上而舉

者曰天砲海島逸誌其銃彈有三十餘斤重者職方小記可洞裂

石城震撼十里世稱紅夷砲明史

焠火藥如膏色微紅以小木桿挑沾松香於其端插其

中即作爆聲出之則火然性極烈雖金石上輒沸以

一點滴小池中滿地皆沸著衣服及木皆爛不知何物

所爲或云醋浸敗鐵久久而後煮之即成也海國紀聞然舟

大雖轉過淺沙即不能動而其人走舟上若飛登岸即

不能疾行物理小識又不善戰明史惟恃鎗砲腿足斜纏礙難

屈伸一撲即不得起京報道光二十年八月英夷說戰往往挫衂明史

嘉慶十三年以七船洋兵圖奪安南東京地安南人誘

入澳港乘夜火攻盡成灰燼林奏摺

察西人自言拂郎察國王類斯惡回回據如德亞地興兵伐之始製火銃回回懸稱西土爲弗郎機而銃亦沿襲此名職方外紀明時紅毛擅火器窺香山澳澳人仿爲之以銃尺重之測遠鏡度之靡不奇中紅毛不敢犯澳澳門記畧則澳夷製砲尤精正德中佛郎機突入粤副使汪鋐帥兵徒逐以火器抗鋐募善泅者鑿而沈其舟遂出者悉擒斬之遺其銃械鋐請如夷製爲銃頒發邊鎮澳門記畧此事最可稱而王鴻緒明史稿鋐本傳不載殆非憎而知善之義明得紅夷砲賜號大

將軍崇禎時徐光啓令西洋人製造發各鎮明史文秉烈皇小識曾敏行獨醒雜志云京師戒嚴金人發砲攻城甚力有獻策欲結蓆網以障之其人歸自太原圍城中具見張孝純王稟等設此而砲無所施朝廷反以爲迂不肯試一爲之蓋不知吳越將孫玉守蘇州城嘗用此炬炮而淮南不能攻時號爲孫百計也明史王行傳云始吳中用兵所在多列砲石自國行私語所知曰兵法柔則制剛若植大竹於地索布其端炮石至布隨之低昂則人不能害而炮石無所用矣後嘗遇春取平江果如其法物理小識云禦銃者濕絮

魚網士囊道光十四年九月英吉夷目嘩嘮嗶船進內洋施放炮火兩廣總督盧坤仿古人懸簾之法將綿絮被褥浸濕用木棍撐懸船外嘩嘮嗶無所施其伎倆京報則以柔克剛用之已有成效又魏子一言城址砌石上即以土築之炮子入土便陷不出物理小識昔鄭成功攻臺灣荷蘭城城壘亂石數丈以火煅之融結成塊堅不受炮幸存錄其妙用正在亂石馬神番性狡獪紅毛人據其港口欲占其地番畏火砲莫敢敵入山以避用毒草浸洗上流使其受毒而自去海國聞見錄人皆有德慧術智兵無定法貴能心知其意也

歐邏巴大小諸國上下皆奉天主教蔣友仁地球圖說闢之者
唯英吉利海國聞見錄國俗有祖宗祭祀與天主教別而仍
用天主生年紀元道光二十年六月初五日英夷書稱
一千八百四十年七月初五日二十年八月十五日英
夷書稱一千八百四十年九月二十日葢沿西洋舊稱
也吳士打喇打鼇供
相見以免冠爲禮職方外紀立而不跪海國紀聞惟祭神乃跪晏士
打喇打鼇供所宗教曰葛尼其神名巴底行距今千有六百
二十有六年塑像有鬚髮立合掌而仰視天在家人奉
之又有佛像曰巴底利僧尼奉之僧尼緇衣無髮婚嫁

匹配皆男女自主有成議則擇期會親族入巴底衍廟男女皆跪僧爲誦經燒紅燭二問男女願否皆曰願則以燭與男女男女相授受熄之聽經畢而歸晏士打剌打蘆供國中皆一夫一妻職方外紀妻死乃得再娶晏士打剌打蘆供其衣服制度同荷蘭音語字跡各别字横書自左而右用鵞毛管削尖作筆寫之海島逸誌自古未通中國雍正十二年始來粤請貿易乾隆五十六年始通朝貢英夷說歐邏巴初通海道經利未亞過大浪山抵小西洋而至中國貿遷者從以西把尼亞始職方外紀今東船之出萬山者正南行約五日而至紅毛淺過淺南行五日少西到草鞋石

即萬里長沙之尾也尾在安南對海頭在瓊州陵水縣對海凡數千里草鞋石西北爲萬
里長沙東南爲七州大洋全是大石其中不知幾千里又南行少西七日至池盆
山華人則自萬山西南行經外羅山新州陸奈乃向南行四日到崑崙山是安南地方又南行五日玉池盆
山與東船所行路合以避草鞋石之險少回遠也又正南行一日過綱甲山峽
口在舊港國東南對海出口過三州洋正南行三日而至咖喇吧
又東南爲俺門距咖喇吧不遠俺門東南爲地問山亦
商賈之所聚自地問山向西少北行一月爲猫哩字文向
北少西行十餘日至夾山歐邏巴人謂之大浪山是也
山下海風迅急浪起最大職方外紀盛夏有霜洋船過此
遇大東南風則泊西北大西北風則泊東南海國紀聞或

不能過則退歸西洋船破聚卒在此處過之則大喜可望登岸故亦稱喜望洋職方外紀無土人惟荷蘭及鬼奴居之

又北少西行七日爲散低里

散低里周圍百餘里紅毛船往來爲泊船取水之地有兵守之

又正北行爲大西洋國約半月則進其所轄地又行月餘方至其國都海口向南又北少西行一月爲大呂宋國海口向西又北行三十餘日爲佛郎機國沿海西十餘日始出其境又西南爲紅毛番又北行八日爲荷蘭國來中國者南行至夾山轉東南行至地悶萬

到咖喇吧則轉北入咖喇吧峽過茶盤安南等處而來若不到咖喇吧則由地問北徑馬辰坤甸而來九月以後則由地問北徑文來蘇祿小呂宋臺灣而來海國出紀聞以冬月冬月多北風來以四五月四五月多南風澳門紀畧

道光二十年八月京報御史焦友麟奏風聞葉爾羌有旱路與英吉利夷人交易之處須設法嚴防十二月參贊大臣恩特亨額奏查葉爾羌沿卡倫無路可通英吉利亦未見有該夷人進卡交易葉利瑪竇傳云瑪竇同時有鄂本篤者從陸道歷回回等國行三年至陜西則西洋實有陸路可通焦奏不爲無因惟

其間隔俄羅斯回部諸大國陸海跋涉不易故英吉利夷人無至葉爾羌貿易之事

其來以嗶吱哆囉嗹玻璃諸異香珍寶或竟以銀錢其去以湖絲陶器糖霜鉛錫（澳門記畧）茶葉大黃實爲要物（英夷說）惟禁市書史硝磺米鉄又制錢（澳門記畧）黃金紋銀（道光十年六月十三年七月京報）

乾隆八年六月（澳門記畧）海大風英吉利二巨船進虎門泊獅子洋兵械森列總督策楞欲興兵殫壓布政使託庸笑曰無須也但委東莞印令料理抵精兵十萬矣策召印令光任諜光任曰夷酋見中國兵興恐激生他變願

英吉利

親往覘之乘小舟從譯者一人登舟詰問則英酋安心與呂宋仇殺俘其人遇風飄入內地蓬碎糧絕下碇修船印知英夷將有乞糧之請而修船必須內地工匠乃歸告策及託先遏糴以餓之再匿船匠以難之英酋大窘命其頭目叩關求見光任曉之曰天朝柔遠一視同仁惡人爭鬬汝能獻所俘聽中國處分則米禁立開當喚造船者爲汝修蓬桅送汝歸國英酋初遲疑既而無可奈何伏地唯唯袁故文集印光任傳　澳門記畧送所俘二百九十九人袁傳云五百八總督命交澳夷還呂宋香山縣志九年呂宋酋西土古賫書謝恩且言欲雪恥英夷光任諭止之澳門記畧

十年六月英吉利舟六艘泊外十字門之雞頸山八月佛郎西入澳貿易弗郎西明曰佛郎機或曰法郎西澳門紀畧亦曰勃蘭西氏華人呼爲和蘭西居西北海隅與荷蘭紅毛鼎峙爲鄰海島逸誌其人長身高鼻貓睛鷹嘴拳髮赤鬚好經商明史外國國大人衆海島逸誌世與紅毛讐稱戈海上者三年澳門紀畧英吉利貪其貨詭言將往日本陰謀截取佛郎西來告急光任命熟海道者導其船繞過十字門取道老萬山外進虎門以避之英吉利果起椗揚帆將尾其後光任偕副將林嵩督合營哨船橫截海面遣澳門夷目往諭之曰若將作賊耶奉制府命若傷弗郎

西人郎將爾國人之在黃埔者抵償若奪其貨郎將汝國貨之在牙行者抵償言訖揮健兒千餘披甲張砲環其船而守之會薄暮西南風作弗郎西三船疾駛入口英酋計阻乃罷去袁故文集澳門記畧嘉慶十三年七月二十一日英吉利兵船至雞頸洋面八月二日抵澳上岸占西洋東望洋娘媽閣伽思蘭三處砲臺二十六日總督諭封艙夷駛進虎門泊黃埔九月初四派兵防具奏二十三日夷船兵駕坐三板艇由黃埔至省城十三行求見藩居澳總督不見令回黃埔候

旨並禁買辦夷兵至十三行取火食官兵阻之不退傷

殺其四人乃退十月初調兵十六日宣
旨夷船退求開艙不許過婆雅貿易京報道光十五年七
月十九日英吉利嵛頓夷人麥發達船載夷書至登州
文登縣劉公島云英吉利有新舊二國均係舊國王管
轄國有布教會會首即國王令攜常書卷隨處施送勸
人行好八月京報山東巡撫鍾奏嘗窺伺大嶼米山嶼欲借爲屯儲
交易之地彊吏燭其奸不允能製奇技淫巧蠱惑華人
而鴉片一項英夷說貽害尤甚耗費尤多廣東海口每歲
出銀至三千餘萬兩福建浙江江蘇各海口出銀不下
千萬天津海口出銀亦至二千餘萬兩道光十七年六月京報御史朱

成烈
奏摺

英吉利不產金銀海島逸誌多豆麥少稻無地丁錢糧兵餉官祿皆取給關稅海口關有五商船出洋回國貨值番洋千者上稅五十每年計二百五十餘萬屬國關稅每年合計一千二百餘萬而孟搭拉國案即明雅鋍居六百萬孟邁國案即望買居三四百萬以孟搭拉產大土孟邁產小土銷中國最廣故也安土打拉打鏖供鴉片明雅鋍謂之八誕坭出有二種一名公班皮色黑最上一名八第姑喇皮色稍赤次之卽中國所謂烏泥也出曼打拉沙者亦有二種一名金花爲上一名油紅次之卽所謂紅泥也出

馬喇搭者名鴨屎紅亦紅泥出望買者名皮紅即所謂白皮也其草之本似罌粟及靛葉亦似靛結實如李一本僅結實二三熟時以刀微破其皮漿出收之浸之水中稍去其紅色即如華人所食之膏復用其葉曝乾研成細末摻之膏中視葉末多少分其成色葉末半則得膏亦半然後揑成團以木葉裹之海國覩聞覓取陳死人土和之並有蟲如螞蝗者燒灰雜入道光十八年六月兩江總督陶澍奏摺最毒劣片癸巳類稿鴉片煙事述服之深者其人身體瘦削面目青闇元陽散失不能生育縱有生者旋至病死服之既久欲罷不能海島逸誌肢體萎縮臟腑潰出黃叔璥臺海使槎錄蟲生髓

枯怪病種種（海島逸誌）荷蘭法食之者死（朱在珩海東撈語）而誘爪哇食之贈令疲弱至於絕滅無志興復（海島逸誌）英吉利亦不食鴉片（晏上打刺打聾供）犯者集衆紅毛環覩以炮打之入海（余文儀臺灣府志）其用意甚深（癸巳類稿）道光十八年黃鴻臚有禁食鴉片立置重典之奏（京報英夷說）經兩次部議立禁已有尊例（鴉片煙述事）

道光辛丑春二月英吉利犯廣東虎門氛甚勁傳者不識夷情務爲夸護因檢案頭書薙采輯之事皆實徵詞非已出冀申同仇之志（本年正月奉有官民人等情殷敵愾志切同仇之）上諭庶遠罪言之嫌知囿于見聞必多疏漏然其要

領齎具奏三月乙亥抄竟并識汪文泰

今國王乃女主名城唎年二十三歲登位二載賚所屬國之二王子爲夫其國在海中距英吉利國都五百里王子名雅耶博年與女主同左右侍從皆宮女國主臨朝二王子亦侍坐于旁國中宗室大臣皆坐而覩政其前王名烏連殁後無子女有一姪而不及姪女才故遺命以國傳姪女云

三寶壠

三寶壠吧國所屬之區爲形勝也地方寥闊物產蕃多買帆湊集貿易之處甲於東南諸洲北膠浪嘗森其左右翼也嘮呐哖其倉廩也堤塒二胞錽其門戶也其所領轄上下數千里田土肥沃人民殷富爲諸邦之冠至其天氣清涼勝於吧國人少疾病之憂糧食平易康於各處也無飢莩之患風俗質朴道不拾遺法度嚴峻夜戶不閉其所鎮之和蘭職名鵝蠻律又有杯突大寫財副新蟯咧螳等屬以分管各司其事不相渾雜也凡擢華人爲甲必丹者必申詳其祖家甲必丹擇吉招集糊

友門客及鄉里之投契者數十人至期和蘭一人捧字而來甲必丹及諸人出門迎接和蘭之人入門止於庭中露立開字捧讀上指天下指地云此人俊秀聰明事理通曉推爲甲必丹汝等鄉耆以爲何如諸人齊應曰甚美甚善和蘭俱與諸人握手爲禮畢諸人退方與甲必丹攜手升階至堂中繾綣敘賓主禮其籠絡人皆如此類也吧中甲必丹之權分而利不專三寶壠甲必丹之權專而利攸歸煮海爲鹽丈田爲租皆甲必丹有也所以得膺其職者則富逾百萬矣風俗重華人賚胥也產不屑也蠟燭壹雙則可以爲聘便易可愛也婢僕百

十人各執一事其所事專也主僕之分甚嚴見則屈膝尊事上之禮也妻曰嫂平聲雅字人多懼内家事必由主裁婢妾必由管束防閑謹密其鋒不可犯也至於有命者則又怡怡和悦矣夫婦攜手而行並肩而坐甚至攬臂狎抱風俗如斯不知顧忌婢妾持傘障日羽葆扇風執皖捧盒而服事於左右者舉國皆然無足怪也西洋惟食與卧最重雖有急事不即通報俟其食畢卧起方敢言及禮拜寺樓極高鐘聲四處皆聞日夜敲打子午爲一點鐘至十二點而止午後爲一點鐘則家家閉户而卧路無行人是一日如兩日一世如兩世矣

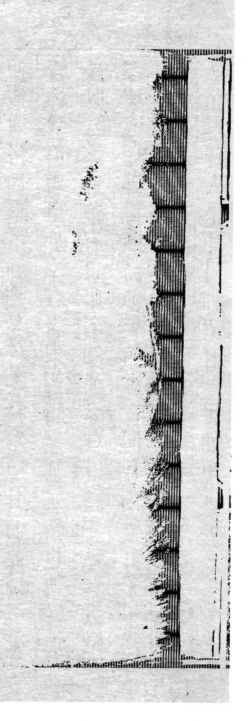

爪亞風土拾遺

噶喇吧爪亞之國和蘭所居邊海之地十不得一爪亞之人數百倍於和蘭其俗尚質實人愚蠢性柔怯畏懼和蘭聞其名則合掌主僕之分嚴明見主人必屈膝合掌名曰占巴雜處山谷間種田歲只一收於春雨後田水平滿撒粟於田則自發生並無耘鋤犂耙草莠不生自然暢茂一穗數百粒故西洋之地米價平賤山斜之處亦可種粟以錐鑿地寘粟數粒及時則自蕃茂其粟米用磨礱以長木槽數人用直杵舂之脫粟籔出乃再舂光其米粒長而婉內地不及也家計生産皆婦人主

之生女爲貴贅人於室生男則出贅於人其室如亭四
面開窗無椅榻席地而坐房中地皆鋪席施帷幄牀亦
不高坐藉茵軟枕疊如塔大小六七級坐則盤膝趺坐
見客以握手爲禮俗重檳榔客至則捧以爲敬所盛之
器富者用金銀爲之常人用銅唾壺大如花瓶用以承
吐檳榔之汁亦銅爲之男女渾坐無禁忌也食不設箸
以手掬之以牛爲享不食猪犬女子脚不纏而不施脂
粉首不簪花衣不帶領裙而不袴男子則衣有領髮簪
花身有袴可謂顛倒反背矣百花四季不凋開放無歇
百果花實並見相續不絶味皆美於閩廣然其地異物

性亦殊黃梨黃瓜之類性本濕熱西洋竟以爲清涼之藥凡感觸暑氣及風邪者服之反能卻病蔬菜倍貴於雞鶩緑米糧平賤人皆不肯竭力灌種也吧國以風爲鬼以水爲藥凡有感冒風熱病作者浴於河則愈產婦及小兒出痘皆浴於河且以針挑破痘珠揉出濃漿竟無害者不亦奇乎雖甚暑極熱不敢露體扇風臥必密室施帷幄少冒風則病立作所以樓房屋宇皆用玻璃以爲窗戶取其不透漏風氣而內外光潔明亮也歷覽野史所載皆艷仙家島嶼有四時不絕之花玻璃爲戶珉瑁爲梁西洋之地處處皆然無足稱焉

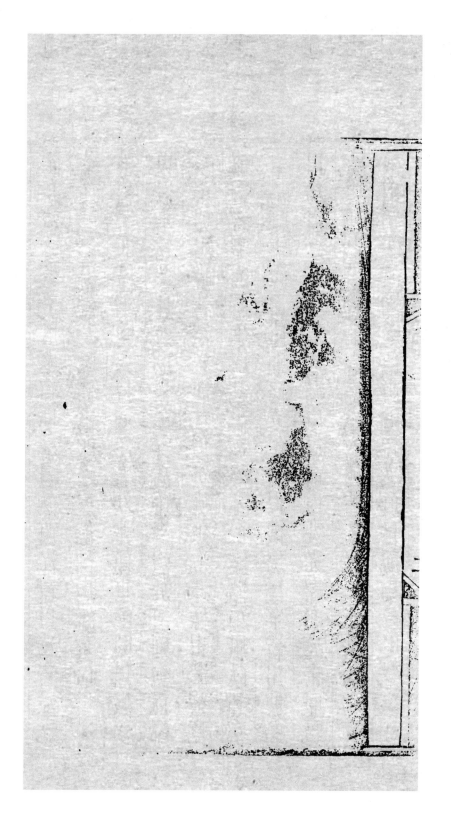

崑崙　又呼崑屯

崑崙者非黃河所繞之崑崙也七州洋之南大小二山屹立澎湃呼為大崑崙小崑崙山尤甚異上產佳果無人蹟神龍蟠踞昔荷蘭失臺灣邊海界禁未復因金廈二島平荷蘭掠普陀毀銅像銅鐘萬歷間宮塑脫紗佛像刀刃不能傷駕火礮壞之取裏所實金銀財寶見像必剖以取臟寶悉取而去至崑崙意欲居之龍與為患藉火礮與龍鬬相持有日後荷蘭狀若顛狂自相戲以曲腕擊背心日益斃揚帆而去將至噶喇吧船擊碎存活者可十人雍正丁未歲夏噶喇吧海面立一中國婦

八羣相棹舟往視惟浮一銅鐘共獲而歸上鐫普陀白華庵知爲昔荷蘭掠沉回浙洋艘互相爭載以藉神庇公議求筶余戚末黄姓彦者本船柁師得筶載回通港之艘惟此舟小而舊敝順帆不及月抵普陀别船堅緻有被劫紅毛者有失風水者佛力如此前惟付之劫數耳余少隨先君任浙聞之白華住持剖疑者常言小沙彌時在山被紅毛劫掠逃匿虛張情景今恍惚將三十年悵僧未之見也康熙四十五六年間紅毛又圖崑崙不敢近山居住就海傍立埔頭以崑崙介各洋四通之所嗜涎不休有中國洋艘載磚瓦往易紅毛洋貨以其

本廉而利大夜圍宿於沙洲人寂寂稀少後寮竊知爲鱷魚步岸所吞伐木圍柵梢盗夜聞山中語語促歸紅毛爲水土不服斃者甚多又爲廣南番劫殺殆盡仍虛其地凡中國洋艘由崑崙者備雞鴨毛爨殼等類到崑崙洋天時極晴霽見黑雲一點隨化爲含烟蜿蛇搖尾郎如江浙夏月湖中雲龍下篷惟恐不及狂風立至幸不及時而霽俗呼鼠尾龍風白雲者其風尤甚日遇二三次或四五次間或不遇者少故以翎毛爨殼焚穢氣以觸遠揚過崑崙則無

呂宋紀畧

黃可垂毅軒

呂宋爲干絲蠟屬國干絲蠟者化人番國名也在海西北隅其國不知分封所自始地多產金銀財寶與和蘭勃蘭西紅毛相鼎峙俗呼爲宋仔又曰實斑牛人之狀貌類中華帽必高角衣必狹袖飲食器用畧同於和蘭閩廣中所用銀餅肖其國主之貌而鑄者也海之東南數千里外即呂宋在焉東界萬蘭淵仔低大海西界閩廣大海南界蘇祿大海北隅萬水朝東大海計其地三千里有奇南北東西相去各千餘里與海相距亦數千里形勢負東向西內外中三湖各廣三百餘里土番戶

口不下數萬餘金珠玳瑁氷片燕窩海參烏紅木魚鹽之利甲於海外前明時千絲蚋據其國建竈豆城於外湖西海之濵鎮庚逸巢於城之西左角以控制暹邏土風最重番僧設巴禮院行禮拜之教巴禮者番僧也以濂水爲令將晝作夜院各擊鐘以定時子午爲中天初點未亥各十二點重高聿不祀先祖所奉之神惟吠氏而已尤可怪者巴禮爲人畋罪人俱以爲榮濂水者以巴禮王之尸煎爲膏脂有教父掌之將奉教之時令人自誓其身爲吠氏所出誓畢巴禮將脂水滴其頭故曰濂水娶妻謂之牽手親迎之日教父以鍊環男女之頭

每七日至院乞巴禮畋罪曰看彌卅老幼咸信而行之有女娓院專司財賄以供國用其院封鎖極嚴男子絶跡戚望甚尊凡日用所需之物壁上用轉斗傳進女子有欲進院修行者悉入焉巴禮王見院主禮必以鼻味其手常人見之味其足此禮之所不可解也千絲蠟所遺甲板船極大帆檣甚固鎗炮畢備洋寇不得近往來呂宋間皆用量天尺照水鏡淺石沉礁無不洞悉其法更妙于指南車華人之客呂宋者恒樂其舟楫之利而喜其制度之巧焉其甲板船來宋計程行三月迨其船回本國水性不同行須五月華人貿易往來相安數百

年矣　國朝乾隆年間西北海之紅毛英黎番猝造甲
板船十餘直溯呂宋欲踞其地化人巴禮願納幣請解
英黎遂返迄今海宇敉寍昇平共樂仰見
聖朝聲敎覃敷威震夷島淪膚浹髓無遠不服余因經商呂
宋爰紀其畧

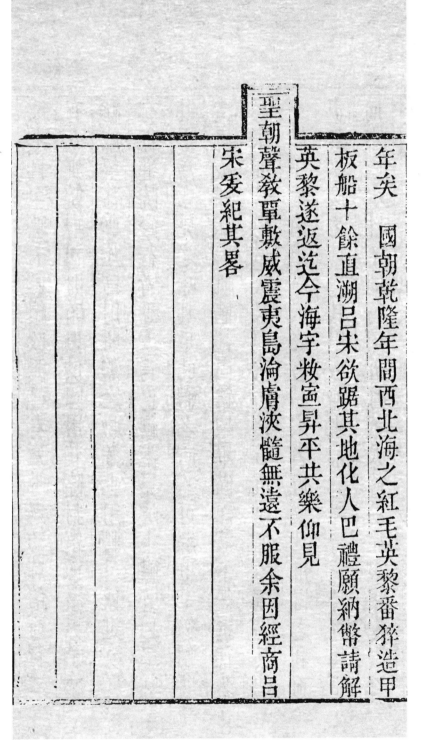

臺灣紀畧 補附

臺灣古毘舍耶國里猫柔所居俗洞耳紋身在深山中者不火食俗呼曰生番在下者通交易俗呼曰熟番和蘭據邊海之地近鹿耳門築小城以居焉緣其人髮赤俗呼曰狂毛呼其城曰紅毛城實即和蘭也明季海寇鄭氏游颺海上刼掠商船官軍勦捕出沒無常漳泉之民受其荼毒後漸滋蔓鳩集盜艘數百寇乍浦崇明等處入揚子江抵南京爲官軍所敗而逃無處藏匿遂攻取臺灣爲負嵎之所和蘭炮銃雖精然孤城無援敗歸吧國其祖家國主怒即將敗歸之和蘭致死於吧國城

樓之上至今吧國之和蘭皆歷歷能道其詳也　國朝
康熙年間鄭氏受撫臺灣悉平進列版圖設一府領四
縣府曰臺灣縣曰臺灣鳳山彰化諸羅今改嘉義從此
海宇安瀾鯨鯢永息共沐
聖朝恩波而臺灣之人民富庶矣